新しい時代の幼児教育

小田 豊・榎沢良彦 [編]

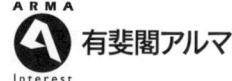

はじめに

　本書は，日本の幼児教育の過去・現在を人権意識（子ども観を含む）の視点で捉え直し，21世紀の幼児教育の向かう方向を展望しようとするものです。そのための基本的視点を以下の3点におきながら本書を構想してみました。

　①　人権としての幼児教育の視点

　20世紀は人権思想が世界的な規模で展開してきた世紀であり，日本の教育もその人権思想の流れのなかで，国家主義教育から民主主義教育・子どものための教育へと発展してきました。それにもかかわらず，現在の子どもを取り巻く状況は，まだまだ子どもの人権が十分に守られているとはいえません。育児における幼児虐待はいうまでもなく，教育においても人権に関わる問題は存在します。社会は，往々にして子どもによかれと思いつつ，結果として子どもを「道具」として扱い，教育しようとしています。そのことが，いつのまにか「独自性において生きるかけがえのない存在」としての子どもを見失わせているのではないでしょうか。そういう危険性がいつの時代にも存在します。そこで，本書では「かけがえのない子どもとともに歩む教育」として幼児教育を主題化してみたいと考えました。

　②　平等社会の実現という視点

　人権という意識の高まりは，平等という意識の高まりと対をなします。20世紀はさまざまな差別問題との闘いの歴史でもありました。21世紀は，さらに老若男女，文化・人種の違いを超え

た平等社会の実現に向けた地球規模での取組みが進展するに違いありません。幼児教育は，このような社会を築く子どもたちを育てるという役割を担うことになります。それゆえ，21世紀の幼児教育の具体的な目標・ねらい・内容・教育のあり方を，現象としての教育を巡る諸問題への対症療法の視点に限定しないで，平等社会の実現をめざしているものとして主題化したいと考えました。

③ 子どもの幸せ（最善の利益）のための幼児教育の視点

これまでの教育の歴史が物語るように，教育は往々にして投資の対象とされたり，人材養成の手段としての側面に重きが置かれてきました。そこでは，いたずらにいわゆる早期教育，才能開発が叫ばれたりしました。科学競争が激化すると予想される21世紀には，それに勝ち抜くための人材養成が教育に求められてくるのではないでしょうか。その流れのなかで，子どもたちの幸せを保障することができるか否かは疑わしいといえます。本書では，本当の意味での子どもたちの幸せを保障する幼児教育はどうあるべきかという問題意識に立ち，教師の働きや実践そのものの展開を明確にしたいと考えてみました。

以上のような構想で本書を編んでみましたが，編者の独断的なところがあり，構想が実現できたか否かは正直わかりません。しかし，執筆者一人ひとりのご理解と賛同が得られ，ここに上梓することができました。本書が，多くの幼児教育関係者をはじめ，教育に興味をおもちの方々に読まれ，ここに提起した構想についてさまざまな角度からのご指導・ご指摘をいただければ幸いです。

最後に，出版事情の難しいこの時期に，このようなわがままな

構想を許された有斐閣の英断に心より感謝申し上げます。

2002 年 8 月

編著者を代表して
　文部科学省初等中等教育局　主任視学官　小田　豊

執筆者紹介（執筆順，＊印は編者）

鳥光美緒子（とりみつ みおこ）〔第1章〕

1952年生まれ。広島大学大学院教育学研究科博士課程中退。

現　在　中央大学文学部教授。博士（教育学）。

森　眞理（もり まり）〔第2章〕

1960年生まれ。コロンビア大学大学院幼児教育研究科博士課程修了。

現　在　東洋英和女学院大学人間科学部准教授。博士（教育学）。

福元真由美（ふくもと まゆみ）〔第3章〕

1970年生まれ。東京大学大学院教育学研究科博士課程単位取得退学。

現　在　東京学芸大学総合教育科学系准教授。

浜口順子（はまぐち じゅんこ）〔第4章〕

1958年生まれ。お茶の水女子大学大学院人間発達学専攻博士課程単位取得退学。

現　在　お茶の水女子大学生活科学部准教授。

＊榎沢良彦（えのさわ よしひこ）〔第5章〕

1954年生まれ。東京大学大学院教育学研究科博士課程単位取得退学。

現　在　東京家政大学家政学部教授。

青柳　宏（あおやぎ　ひろし）〔第6章〕
　1963年生まれ。名古屋大学大学院教育学研究科博士課程単位取得退学。
　現　在　宇都宮大学教育学部教授。

秋田喜代美（あきた　きよみ）〔第7章〕
　1957年生まれ。東京大学大学院教育学研究科博士課程修了。
　現　在　東京大学大学院教育学研究科教授。博士（教育学）。

＊小　田　　豊（おだ　ゆたか）〔第8章〕
　1942年生まれ。広島大学大学院教育学部教育専攻科修了。
　現　在　聖徳大学児童学部教授。文部科学省視学委員。

佐　藤　　学（さとう　まなぶ）〔終　章〕
　1951年生まれ。東京大学大学院教育学研究科博士課程単位取得退学。
　現　在　学習院大学文学部教授。東京大学名誉教授。博士（教育学）。

INFORMATION

●**本書の目的**　本書は,幼児教育の基本を理解するためのテキストとしてつくられています。時代を超えて普遍的な幼児教育の原理を示すことに加え,新しい時代に向けた幼児教育のあり方を示すことにも努めていますから,初めて幼児教育を学ぶ人だけではなく,現職教員の方にも,子育てに関心のある方にも役立つものと思います。

●**本書の特徴**　①幼児教育を人権意識の展開という新しい視点から捉え,これからの幼児教育の役割を明確にするように努めています。②幼児教育がどのように実践されるのかが理解できるように,具体的な事例を盛り込み,読者が実践のイメージを描けるように配慮しています。③専門用語などはわかりやすく説明を加えやさしく表現するように努めています。④幼児教育の実践を,子どもだけではなく,教師としての生き方にも焦点を当て,広い視野で捉えています。

●**本書の構成**　本書は,全9章から成っています。第1章で,本書の視点である人権としての教育観が述べられ,それを踏まえて幼児教育のいくつかのテーマが解説され,終章で,これからの幼児教育の方向が示されます。したがって,章を追って読み進めるのがもっともわかりやすいですが,各章の内容はそれだけでも十分理解できるように書かれていますので,興味のある章から読んでもよいでしょう。

　章扉には,その章の内容および学習のポイントが示されています。これにより,学習を進める方向・視点をつかめるでしょう。

●**キーワード・参考図書**　重要事項は太字で示し,各章末には,学習をさらに深めるうえで参考になる図書で,現在入手可能なものを数点挙げ,簡単に内容を解説しています。

●**文献表示**　引用文献・図表出所は巻末に一覧として,章ごとに,アルファベット順で載せてあります。本文中には,基本的に(著者名[出版年])で表示しています。

新しい時代の幼児教育：もくじ

第1章　子どもの権利と幼児教育　　1

1　未来の社会の担い手としての「子ども」……2

はじめに(2)　「人間」を教育する(3)　隔離としての児童期(4)　ふたたび社会へ(6)

2　フレーベルの遊びの教育学……7

世界との出会いへと子どもを導く(7)　「遊び」の教育学へ(8)

3　「生活」と教育の融合……11

恩物保育の形式化とフレーベル主義批判(11)　「さながらなる生活」が教育する(13)　誘導保育という方法(14)

4　「子どもの権利条約」が提起するもの……16

「子どもの権利条約」とは(16)　「子どもの権利条約」の提起するもの(17)

5　人権教育としての幼児教育……20

ペィリーの実践(20)　レッジョ・エミリアにおける関係性の意味(22)　おわりに(23)

もくじ　vii

第2章　幼児教育の課題

1　現代の環境と幼児の育ち … 28

少子化と幼児の育ち(28)　情報化と幼児の育ち(30)　都市化と幼児の育ち(31)

2　生涯発達の基礎づくり … 33

ライフサイクルと発達課題(33)　ハヴィガーストの発達課題論(34)　エリクソンのライフサイクル論(35)　小田豊の風船説(38)

3　知的教育 … 39

知的教育の混乱(39)　アメリカのDAPにみる知的教育への挑戦(40)

4　道徳性の育成 … 42

幼児教育における道徳性の芽生えと育み(42)　道徳性と幼児期の発達の特性(44)　文化にふさわしい道徳性の育成(45)

5　生きる力の育成 … 46

生きる力と幸福の追求(46)　個人の尊厳(47)　他者への貢献(48)

6　多文化理解 … 51

保育現場における多文化の現状(51)　多文化教育・保育(52)　日本における多文化保育の落とし穴(53)　Think Globally, Act Locallyからの多文化保育(54)

第3章　幼児の学び・発達と環境　　61

1　幼児にとっての環境 …………………………………………………62

幼稚園，保育所という場所(62)　　幼児の環境としての空間の構成(64)　　子どもの環境に関わる四つのシステム(67)　　子どもを取り巻く生態学的な環境(68)

2　学びと発達 ……………………………………………………………69

行動主義の「発達」と「学習」(69)　　ヴィゴツキーの「発達の最近接領域」と学び(70)　　新しい学びの理論と発達(70)

3　環境と幼児の発達の姿 ………………………………………………73

「発達」と「発達段階」(73)　　環境と発達(75)　　幼稚園や保育所での子どもの発達の姿(77)

4　遊びを通しての学び …………………………………………………79

近代における「子ども」と「遊び」の発見(79)　　教育的な「遊び」の登場(80)　　遊びと学び(81)

5　幼児期に必要な体験 …………………………………………………84

第4章　幼児教育の方法　　89

1　「方法」とマニュアル …………………………………………………90

あるエピソードから(90)　　方法を学ぶより，まず体験する(91)　　「方法」と「マニュアル」(91)

2　与えられる「方法」と，探りあてる「方法」 ………………………93

「方法」は使うものでなく，問うもの(93)　「方法」を対話のなかで問う(94)　著名な教育学者の「方法」(96)

3　幼児教育の「方法」 …………………………………………………97

幼稚園教育要領にみる方法(97)　幼稚園設置基準のなかの方法(99)　領域という考え方(100)

4　子どもの主体性を生かすということ …………………………102

「遊び」を通して指導するということ(102)　「自由保育」と「一斉保育」(104)　「しつけ」はおしつけ？(105)　子どもの主体性を生かす「しつけ」(107)

5　教師の大人性 ……………………………………………………109

子どもの主体性との関係(109)　幼児と教師がともに主体的でいられる環境(110)　教師の主体性と「省察」の意味(112)

第5章　教育実践を支える理解　　115

1　教育実践と幼児理解 ……………………………………………116

保育中の教師のあり方(116)　実践を支えている教師の主観的な理解(119)　主観的な理解に潜む先入観，偏見(121)

2　理解の内容 ………………………………………………………122

子ども一人ひとりの生きている世界(122)　子どもの体験を理解する(123)　子どもの育ちと発達(125)　他者との関係(126)

3　教師の姿勢 ………………………………………………………127

理解を左右する子どもと教師の関係(127)　　子どもを肯定的にみようとする(128)　　子どもとともに生きようとする(129)　　一つの見方に固着しない(130)　　身体全体で子どもに接する(131)

4　実践的理解のあり方 ……………………………………………………131

　　　理解しそれを表現する(132)　　子どもの行為に意味づけをする(132)　　創造的な遊びの展開を生む(134)　　理解が深まる(135)　　教師自身の体験を考える(136)

5　実践研究と教育実践 ……………………………………………………137

　　　実践は問題の宝庫(137)　　教師自身の実践研究の必要性(138)　　実践研究の方法としての記録(139)

第6章　幼児教育の共同体　　141

1　学び合い，育ち合う共同体 ……………………………………………142

　　　思い合い，感じ合う(142)　　共同体の場面①(143)　　共同体の場面②(144)

2　幼児を育てる共同体 ……………………………………………………146

　　　場面①──(1)「雰囲気」の重要性(146)　　場面①──(2) 幼児同士の相互作用(147)　　場面②──(1) 葛藤から生まれるもの(149)　　場面②──(2) 葛藤を活かす保育者の援助(150)

3　社会的構成主義 …………………………………………………………151

　　　社会的構成主義とは(151)　　「共同活動」の重要性(151)

「主我I」と「客我me」(154)　　共同体の理論(154)

4　共同体づくりの要点 ……………………………………………156

一人ひとりを受けとめることからの出発(156)　　共同体の生成発展(158)　　偶然を活かし，生活を味わう(161)

5　幼稚園，保育所の役割 ……………………………………………162

二つの視点から(162)　　幼児の幸せを実現する学びと育ちを(162)　　「学級崩壊」が問いかけているもの(163)　　親とのパートナーシップを(165)

第7章　保育者の専門的成長　　169

1　日常性と保育 ………………………………………………………170

日常から学ぶ(170)　　子どもとともに日常をつくり出す(172)

2　保育のなかで育つ保育者 …………………………………………174

子どもを理解する(174)　　関わる(180)　　振り返る(181)

3　他者との関係性に生きる教師 ……………………………………188

役割のなかでの成長(188)　　家庭や地域から学ぶ(188)

第8章　保育内容の構造と展開　　191

1　保育内容論の歴史的系譜 …………………………………………192

はじめに(192)　　フレーベル主義から生活主義へ(193)
生活主義から教科主義的な保育内容へ(195)

2　現代の保育内容 …………………………………………………… 197

教科主義から活動主義へ(197)　子どもが生み出す活動へ(201)

3　保育内容の構造 …………………………………………………… 203

子どもの主体性と保育者の意図性(203)　保育の過程と保育の構造(205)

4　教育課程と保育実践 ……………………………………………… 208

「育つことへの働きかけ」の実践から(208)　教育課程と保育の展開(211)

5　幼児期から児童期への教育 ……………………………………… 214

「不定型的な教育」と「定型的な教育」(214)　「幼児期」と「学童期」(216)

終章　子どもが幸福に育つ社会を求めて　221
幼児教育の現在と未来

1　転換期の幼児教育 ………………………………………………… 222

野口幼稚園の公開研究会(222)　幼稚園の課題と幼児教育の未来(223)

2　幼児教育の三つの系譜 …………………………………………… 227

三つの系譜をどう統合するか(227)　フレーベル(228)　二つのレトリック(229)　モンテッソーリの「子どもの家」(230)　第2の歴史的系譜(231)　第3の系譜(231)　21世紀における幼児教育の改革(232)

もくじ　xiii

3 変化する社会構造 ……………………………………………………233

「子どもの発見」(233)　「母性」の観念(234)　「子ども期」の消滅の危機(235)　近代家族の崩壊(235)　曖昧になった人生の境界線(237)

4 幼児教育の未来 ………………………………………………………238

保護・養育の三つの装置の衰退(238)　子どもの再発見(238)　「子ども期」を充実した幸せで満たす(239)　二項対立の図式の組替え(239)　子ども一人ひとりの尊厳(240)　レッジョ・エミリアの幼児教育(240)　「学びの共同体」づくりへ(241)

★ 引用文献・図版出所一覧 ─────────────── 244

★ 事 項 索 引 ────────────────────── 253

★ 人 名 索 引 ────────────────────── 257

★ Column 一覧

① レッジョ・エミリアの空間の構成 ………………………………65

② アメリカの乳幼児教育のガイドライン ………………………71

③ 聴くことの教育学 …………………………………………………175

(章扉写真提供　東京学芸大学附属幼稚園小金井園舎)

> 本書のコピー, スキャン, デジタル化等の無断複製は著作権法上での例外を除き禁じられています。本書を代行業者等の第三者に依頼してスキャンやデジタル化することは, たとえ個人や家庭内での利用でも著作権法違反です。

第1章　子どもの権利と幼児教育

　1989年，国際連合総会で「子どもの権利条約」が採択されました。このように子どもの権利についての国際的な宣言の直接の淵源は，ジュネーブ宣言（1924年）に求めることができます。しかし子どもの権利を尊重しようとする努力は，20世紀に始まったものではありません。子どもを「子ども」として尊重することの重要性を訴えたルソー以来，近代の教育思想の歩みは子どもの権利の歩みとしてみることができるでしょう。本章ではルソーからフレーベル，倉橋惣三からマラグッツィにいたる近代の代表的な幼児教育思想家，実践家たちの思想を取り上げています。その思想の歩みを振り返ることをとおして改めて，子どもの権利を尊重するとはどういうことか，その内実と意味について考えてみましょう。

1 未来の社会の担い手としての「子ども」
● ルソーにおける「子ども」の発見

はじめに　1989年11月,国際連合総会で「**子どもの権利条約**」が採択されました。

もちろん,その第1の意味は,多様化し深刻化する世界の子どもの現実に対して,その権利保障のための共通規準を提示したということにあります。

しかしながら,この条約が注目されるのはこの点にとどまりません。私たち教育関係者にとってはそれはとりわけ,子どもの権利の捉え方を示しているという点で注目されます。つまり,それは,これまでのようにたんに子どもを権利の享受者として捉えるだけではなく,権利行使の主体として捉えたことにおいて,とりわけ注目されます。

教育に際して子どもの「自発性」が尊重されるべきであるということはすでに,古典的な教育思想家によっても指摘されてきたことです。ですが,子どもを権利の行使の主体として認めるということは,教育するに当たって子どもの自発性を尊重するということにとどまるのでしょうか。

子どもの権利について宣言したもっとも古いものに「**ジュネーブ宣言**」(1924年)がありますが,それはその前文で,人類は子どもに「最善のものを与える義務を負う」と宣言しています。

ルソー(1712-78),フレーベル(1782-1852),倉橋惣三(1882-1955)ら,日本の幼児教育に大きな影響を及ぼした人びとにとって,子どもに最善のものを与える,とはどういうことを意味して

いたのでしょうか。

「子どもの権利条約」は，子どもにとっての「最善のもの」を考える私たち幼児教育関係者にとって，どのような新しい課題を提起しているのでしょうか。

「人間」を教育する

「あなたがたは社会の現在の秩序に信頼して，それがさけがたい革命におびやかされていることを考えない。……わたしたちは危機の状態と革命の時代に近づきつつある。その時あなたがたはどうなるか，だれがあなたがたに責任をもつことができよう。人間がつくったものはすべて人間がぶちこわすことができる。自然が押したしるしのほかには消すことのできないしるしはない。そして自然は王侯も金持ちも貴族もつくらないのだ」(ルソー[1962] 上，p. 346)。

ルソーの『エミール』からの一節です。この鋭い社会批判と告発こそが，**「子ども」の発見**の原動力でした。もし，ルソーが，彼の同時代人の多くと同様，現に目の前にある社会がそのまま存続すると思っていたのだったら，『エミール』は書かれる必要がなかったことでしょう。

現に目の前にある社会が，子どもが大人になったときにもそのまま存続しているのだとすれば，教育の目的は大人社会の必要によって決定されることでしょう。その場合，教育の目的とは文化の伝達です。職業も地位も，親から子どもへと引き継がれます。子どもはできるだけ早く大人社会に参加し，そして将来必要になる知識や技能を実地に学ぶことが求められます。

実際それが，ルソーの時代に至るまで何百年にもわたって行われてきた教育の方法でした。

1　未来の社会の担い手としての「子ども」

しかしルソーが『エミール』において述べているのは、それとはまったく違う教育の構想です。ルソーによれば、社会の秩序は、これから新しくつくり出さなければならないのです。ルソーは『社会契約論』で新しい社会の構想を描く一方で、『エミール』において、新しい社会を担うことのできる人間をどう教育するのかを描きました。孤児であるエミールと家庭教師ルソーの物語として。

「**生きること**、それがわたしの生徒に教えたいと思っている職業だ」と、ルソーはいいます（ルソー［1962］上、p.31）。医者とか、弁護士とか、貴族とか、農民とかである前に、まず、「**人間**」であることを教えたい、と。「わたしの手を離れるとき、……かれはなによりもまず人間だろう」（同上、p.31）。

隔離としての児童期　そのためには、どうすればいいのでしょうか。

ルソーは教育の過程を二段階に分離します。

15歳が切断線です。15歳までの児童期の教育の方針は徹底した「**隔離**」です。「あなたの子どもの魂のまわりに、はやく垣根をめぐらしなさい」（ルソー［1962］上、p.24）とルソーは勧めます。伝統的な教育方法からみれば発想の逆転です。社会に早く慣れさせるかわりに、むしろ隔離せよというのですから。

この時期の教育に当たって留意すべきであるとされたのは、次のようなことでした。

つまり、子ども期を将来への準備期間としてではなく、その独自性において尊重せよ、ということです。教育という仕事は、「時をかせぐために時をむだにすることをこころえていなければなら

ない」(ルソー[1962]上, p.236) とルソーは言っています。「自然は子どもが大人になるまえに子どもであることを望んでいる。この順序をひっくりかえそうとすると, 成熟してもいない, 味わいもない, そしてすぐに腐ってしまう速成の果実を結ばせることになる。わたしたちは若い博士と老いこんだ子どもをあたえられることになる」(ルソー[1962]上, p.125)。

「美徳」や「知識」を, 大人になったらそれが必要だろうといって, 積極的に教える必要はない, とルソーはいいます。ただ, 子どもがその本来の「自然」から逸脱しそうになったら, そのときには注意してあげなければいけない (消極教育の原則)。児童期までの教育は, できるかぎり子どもの**「自然」**の良さを残してやることに注意すればそれでいい, というのです。

では, その子どもの「自然」とは何か。何が子どもに学べるのか。それは子ども自身に聞くしかないことでしょう。つまり「あなたがたの生徒をもっとよく研究することだ」(同上, p.18) というわけです。

エミールは, 15歳になるまでは, もっぱら, 彼の感官と身体を用いて物事を学びます。概念によって学ぶことは不用であるとされます。読書は禁止です。エミールが読む本といえば, 『ロビンソン・クルーソー』のみです。この本は, 人がどのようにして一人で生きていくのかを知るうえで役に立つという意味で勧められるのです。エミールは自然についてはさまざまなことを学習しますが, 歴史や地理についてはまったく無知のままです。身体の発達や知的な発達は重視されますが, 社会性や道徳性の発達に関しては, もっぱら消極的にしか語られません。

これが「自然」の歩みにそった教育なのかと思う人もいるかも

1 未来の社会の担い手としての「子ども」

しれません。

ですがルソーによれば，共感や共苦の感情は，思春期になって初めて生じるものなのです。それ以前に社会的な関係について学習させても意味がないというのが，ルソーの言い分でした。

> ふたたび社会へ——「自律」へと教育する

さて，このようにして育てられた15歳のエミールは，他の子どもたちに比べて世慣れていないかもしれません。だがそのかわりに彼は，「自然人」がもっている良さのすべてを他の子どもたちよりもずっと多く保持しているはずです。

もちろん，「自然人」がすなわち「人間」であると，ルソーが考えていたわけではありません。「人間」とはいってみれば，「社会的状態」に生きる**自然人**です。

エミールは，15歳まで社会的関係から隔てられていたおかげで，社会的関係や社会や政治の仕組みを，囚われのない眼で見ることができます。とはいえ囚われていないという強みは，また，「世間知らず」ということでもあるでしょう。

家庭教師であるルソーは15歳になったエミールを直接に社会にさらしたりしません。ルソーがとった方法は一種の間接教育でした。まず社会についての概念をもたせること。それには読書が役に立ちます。そして家庭教師という保護役つきで，実地見聞の旅に出かけること。こうして大人になったエミールは，いささか頼りないままではありますが，自分の眼で社会を捉え，これまでとは違った社会をつくりだす自律した人間としての道を歩み出すのです。

2 フレーベルの遊びの教育学

世界との出会いへと子どもを導く

ルソーにとって、子どもに最善のものを与えるとは、幼児期から児童期のうちに、子どもの自然のよさをできる限り残して、それを伸ばしてやることです。それがいずれ、大人になったあかつきには、矛盾に満ちた社会的諸関係にのみこまれることなく、自律した人間になることの助けとなるはずでした。

フレーベルにおいてはどうでしょうか。

フレーベルが子どもの教育に携わったその最大の目的は、子どもが本来もっているものを実現させる手助けをすることでした。子どもというものは、本来、神的な存在です。たとえ、子ども自身はそれに気づいていないとしても、です。その本質を子どもに自覚させ、それを表現するよう、子どもを導くこと。フレーベルにとって子どもに与えうる最善のものとは、そのことでした。

そのための方法は二つです。一つは認識へと導くこと。そして今一つは表現へと導くこと。

表現の教育とは、子どもの形成衝動や表現衝動を促すことです。遊びや労作教育などがこれに当たります。

他方、**認識の教育**ですが、これを理解するにはまずフレーベル独自の世界観を理解しておく必要があります。

世界を見渡してみましょう。表面に現れた現象形態に注目するかぎり、すべてはばらばらで、相互に無関係であるようにみえます。しかし世界はただ一つの顔をもっているわけではありません。

フレーベルは，表層的なものの背後には一つの永遠の法則が存在している，と考えました。いや，そう確信していました。その確信を彼は，当時の通俗的な哲学の用語で表現したのです。つまり，万物は神のかけらの流出物として創出されたのであり，したがって万物には起源である神へと帰ろうとする傾向が存在している，と。

「認識」の教育が重要な意味をもってくるというのは，人が自己の内部にある神的なものに気づくとすればそれは，世界の背後の神的法則なものを「認識」することによってである，とフレーベルが考えたからです。世界と人とはフレーベルにとっては合わせ鏡のようなものでした。人は世界をみて，自分に気づく。世界に神的なものを認識して，自らの神性を自覚する。「認識」の教育とはこのとき，子どもを世界の内なる法則性へと導き，そしてそれを通して子ども自身の内なる神的なものを自覚させることを意味していました。

「遊び」の教育学へ

当初，フレーベルは，認識の教育と表現の教育とを，異なる二つの方法として考えていました。比重は認識の教育にありました。発達段階でいえば，少年期の教育が中心です。

「遊び」に着眼したことが，しかし，フレーベルの教育学をまったく新しい世界へと導くことになります。そしてこれ以降フレーベルはもっぱら，幼児の教育について語るようになるのです。

「無心に遊ぶとき，幼児は，新しい自分に気づく。彼自身の知らない自分の願いに気づく。いつもは疎遠な外の世界が，遊びの中では彼においで，と呼びかける。遊んでいるとき，彼は力であり，

彼は強い存在である。遊びの中で世界は，彼の心を表現するための彼の手立てである。遊びの中で彼の仲間は，無二の親友に変わる。遊ぶとき幼児は，世界に自己の内部を発見し，身体には力が，精神がひらめく」（ボルノウ [1973] から再引用。ただし訳文には変更を加えている）。

後期の遊戯教育学についての文献からの引用です。

フレーベルは「遊び」のもたらす魔術をよく知っていたのでしょう。**遊び**は，外の世界と内的世界の距離を縮め，外界と内界を共鳴させます。

遊んでいる子どもにとって，認識と表現とは別物ではありません。遊びのなかで子どもは自然に世界の認識へと導かれ，また外部の世界のなかに自分の反映を見出します。遊びのなかで外界は子どもにとって表現の手段となり，身体を通して子どもの内的なものが表現されるのです。

遊びが世界と子どもとをつなぐ媒体となるためには，二つの前提条件が必要とされました。一つは**恩物**，そして今一つは**遊びを指導する大人の存在**です。

恩物としてフレーベルが考案したものには，立体の恩物群から平面状のもの，線状のもの，点状のものまで4種類ありますが，そのうち最も有名で，遊戯法もよく知られているのは立体の恩物群でしょう。球や円柱，分割できる立方体や直方体など，いずれも，幼い子どもの手にも収まるような小さな積木状のものです。

子どもは，これらを摑んだり，分解したり，組み立てたりするように促されます。そしてそれを通して世界の背後にある法則性へと促されるのです。世界は一なるもの，〈神〉から由来してやがてまた神へと帰っていく。もちろん幼児はそのことを，明瞭に認

図1-1 フレーベルの第1恩物と，その遊び方の例

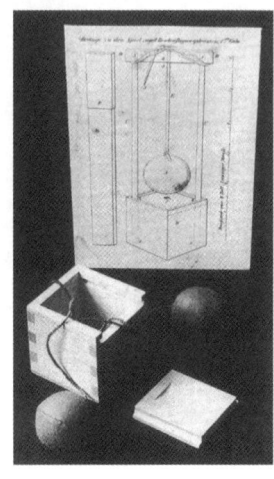

(出所) Erning [1987] p. 38.

識できるわけではありません。しかし「予感」することはできるでしょう。

　恩物を考案した当初には，フレーベルは，恩物さえ与えれば子どもは「自動的」にそのような「予感」を感じることができるものと考えていました。だがその後，**大人による遊戯指導**が不可欠であると考えるようになります。

　「**幼稚園**」（キンダーガルテン：ドイツ語で子どもの庭のこと）はもともと，そのような指導員養成の遊戯実習施設として構想されたものでした。フレーベルは恩物遊びの正しい指導法を知らせるべく，宣伝旅行を開始します。模範となる遊び方を実際にやってみせ，また正しい指導法を記した数多くの遊戯指導書を執筆しました。しかしフレーベル自身が正しい指導法に固執したことが，後に，フレーベルの恩物保育の形式化を招く一因ともなります。

教育は基本的に「受動的，追随的」であるべきで，「命令的，規定的，干渉的」であってはならないというフレーベル自身の原則をここで思い起こしておく必要があるでしょう。ただ，この原則はそう単純ではありません。フレーベルは，子どもに対して「要求」を提起することを否定したわけではないからです。子どもの可能性を信じればこそ，要求するということもあるでしょう。ただその場合には，その要求が子どもに及ぼす効果に，よくよく注意することが大事だとフレーベルはいいます。要求がもし，子どもの側に憎悪や盲従を生むようであれば，そのときには教師の行為を疑う必要があります。子どものためといいながら，実際には自分の恣意的な願いを「要求」としていたのではないか，と。「これを為せ，そして，この特定の関係において，汝の行為から何が結果し，それがいかなる認識へ汝を導くかを見よ」（フレーベル［1964］上，p. 27）。これがフレーベルの教授の一般原則でした。

3　「生活」と教育の融合
● 倉橋惣三の幼児教育論

恩物保育の形式化とフレーベル主義批判

　フレーベル式の幼稚園が世界中で最も普及したのは，日本とアメリカだといいます。

　フレーベル式の**恩物保育**は，草創期の幼稚園には不可欠でした。何を教えてよいのか，どう子どもに対応したらいいのか，右も左もわからない状況では，フレーベルの恩物保育は，教材（遊具）と指導法と理念とをセットで提供してくれる，じつに便利なものだったのです。それを一通り学びさえすれば，ともかくも教師が務

図1-2 フレーベルの第3恩物

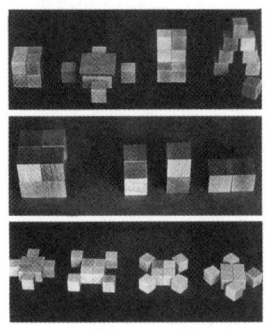

(注) 立体恩物のうち，第3恩物の遊び方の例。フレーベルがその指導法の考案にもっとも力をいれたのが，この第3恩物である。上から，生活形式，認識形式，美の形式の三つの遊び方が示されている。それぞれの形式はいずれも，社会的状況や全体と部分との数学的関係，世界の秩序の美を予感するための遊び方として，考案されたものである。
(出所) Erning［1987］p. 39.

まるのですから。

　しかし幼稚園制度の発展と整備に伴い，その形式主義の弊害がめだってきます。進展し拡大した制度の状況にみあった理念や活動内容，指導法が必要とされるようになります。

　アメリカの幼児教育界の場合，フレーベル式恩物保育に替わって新しい指針と方法を提供したのは，**進歩主義教育**の潮流でした。フレーベルの神秘主義的な哲学は否定されます。室内でのちまちました恩物遊びにかわって，「大筋肉」を使った戸外での自由な遊びが推奨されます。学校教育領域で進展したプロジェクト法の実践に刺激されて，幼児教育段階においても新しい教育法が試みられるようになります。

> 「さながらなる生活」
> が教育する

日本においては**倉橋惣三**が、これらアメリカの動向に学びながら、保育法の革新に取り組みました。

倉橋は、その思想の集大成とされる『幼稚園保育法真諦』(1934年) の序文で、フレーベル主義を批判して次のように述べています。

「フレーベルの精神を忘れて、その方法の末のみを伝統化した幼稚園を疑う。定型と機械化とによって、幼児のいきいきしさを奪う幼稚園を慨く。幼児を無理に自分の方へ捉えて、幼児の方に赴き即こうとするこまやかさのない幼稚園を忌む。つまりは、幼児を教育すると称して、幼児をまず生活させることをしない幼稚園に反対する。……そこで私は思い切って従来の幼稚園型を破ってみた。古い殻を破ったら、その中から見つけられたものが、此の、真諦である」(坂元ほか編 [1965-67] 1巻, pp. 9-10)。

真諦、とは、仏教でいう究極的・絶対的真理のことです。この書物にかけた倉橋の自負が、そのまま伝わってくるようなタイトルであり、序文の文章です。

「定型と機械化によって幼児のいきいきしさを奪う幼稚園を慨く」とその冒頭にあります。「定型」「機械化」は倉橋の最も嫌うところのものでした。それに対して倉橋が望んだのが、「いきいきしさ」でした。

教授の機械化に対して「**自然**」を対抗概念として対置するということは、西欧の教育思想の常套でした。ルソーやフレーベルにおいてもみてきた通りです。ルソーやフレーベルにとっては、「自然」は幼児の内面にこそあるものであり、「自然」の実現は教育の目的そのものでした。

他方，倉橋が教育の目的として考えていたのは，「制作」「観察」「言語」「手技」などの「保育項目」であり，さらにはそれらの項目に関連して一般的に教育的価値があるとされている活動内容のことでした。「目的」は当然必要です。ただ目的に向かって幼児を引っ張るようなことは絶対に避けなければなりません。「自然」は倉橋においても規範的に作用します。ただ彼の場合特徴的なことに，「自然」のものさしは，「幼児」の内面には求められません。むしろ「自然」の指標は彼においては，幼児の（語弊のある言い方かもしれませんが）表面にあらわれた「**いきいきしさ**」であり「**自由感**」，そして何よりも日常の「生活」の自明さに求められました。

　目的に向かって引っ張るのはよくない。そういうと一般には難しいことを教えてはいけない，と考えるかもしれません。しかし倉橋は，そうではない，といいます。重要なのは，「**生活形態**」である，と。難しいことを教えようと，自然な「生活形態」のなかでならかまわない。逆に簡単なことでも生活形態に無理があってはならない。倉橋によれば，「それほど生活形態が第1なのであります」（坂元ほか編［1965-67］1巻，p.21）。

　幼児の「さながらの生活」はそのままに，それを幼稚園に順応させることはできないか。「いつのまにか，するすると教育に入らせるようにする工夫はないものでしょうか」（同上，p.29）。

誘導保育という方法

　「間接教育」「充実指導」「誘導保育」，これら一連の倉橋の独自の指導法はまさにそのために考え出された工夫でした。

　間接教育とは，「設備」の工夫を通しての教育のことです。幼児

の生活に直接に教育目的をぶつけるのではなく，目的を「設備」のなかに活かす。こうして，いたれりつくせりの設備のなかで，子どもは**自由感**を与えられます。そしてそのうえで，子どもを援助するのですが，その援助は保育者の意図にそってではなく，保育者が子どもの意図を汲み取り，汲み取った意図に即して援助するものでなければならない（**充実指導**），とされます。

 だが，ここまでならば家庭でもできることでしょう。幼稚園はそこにとどまっていてはならない。幼稚園はそれに加えて子どもの興味に即した主題を設定し，子どもの生活を誘導してくれるところでなければならない（**誘導保育**）のです（坂元ほか編［1965-67］，1巻，p. 45）。

 「**保育案**」，つまり**教育計画**が重要な意味をもつのは，この**誘導保育**においてということになります。どう生活を「しつらえるか」ではなく，あるがままの生活をどう誘導するかという観点から保育案が立てられるのです。主題は選びません。「水族館」「八百屋」「玩具屋」など，「何かしら子供の生活にまとまりを与えるようなものを配当して」おきます。重要なのは，子ども自身はもっぱら自分が「自由に」選んでいると思っているにもかかわらず，その実，その自由な活動のなかに必要な滋養価値（教育的価値）がちゃんと配分されているようにすることです。倉橋によれば，それこそが理想的な**誘導保育案**であるといいます。

 教育というコンセプトを，いわば力技で創出しなければならなかったルソーやフレーベルの時代とは状況が違います。倉橋は，すでにある程度整備された幼児教育制度を前提にしていました。発達した幼児教育制度は，行政官，保育者，管理者，研究者など多様な役割の連携作業を必要とします。その制度の枠内では，保

育項目を整備し「目的」に配慮するのは，幼児教育界のリーダーである倉橋自身や行政の役目だったのでしょう。他方，保育者に対して彼が望んだことは，無理のない，自然な「生活形態」のなかで子どもたちが，知らず知らず**教育的価値**を身につけるように配慮することでした。倉橋にとって子どもに与えうる最善のものとは，教育的でかつ自然な生活形態のことだったのです。

しかし，教育において尊重すべき子どもの「自由」とは子どもの自由感のことなのでしょうか。「自然」とは生活の自明性のことなのでしょうか。

4 「子どもの権利条約」が提起するもの

「子どもの権利条約」とは

「子どもの権利条約」に至る，人権の国際保障の歴史的経緯を簡単にたどってみましょう。

まず1924年，国際連盟総会で，「**ジュネーブ宣言**」が採択されました。第一次世界大戦で被害を受けた青少年への緊急の保護と救済を呼びかけるのが主旨でした。

第二次世界大戦終了直後の48年には，国際連合の総会において「**世界人権宣言**」が採択されました。そして子どもに焦点化した宣言として59年に「**子どもの人権宣言**」が採択されました。

さらに，「世界人権宣言」には法的拘束力がないことから，1966年には，法的拘束力のある国際条約として「**国際人権規約**」が採択されます。

この条約化の動きに連動して，1978年，ポーランドが「子ど

の権利宣言」の条約案を提案しました。そして11年後の89年，**「子どもの権利条約」**が国連総会で採択されるに至ります。条文は全部で54か条です。「国際人権規約」の47か条の規定のほとんどを含むもので，「国際人権規約」の子ども版としてみることができるでしょう。

　内容は大きく，三つに分けることができます。第1には，子どもの権利保障の原則に関わる総則的なもの，第2に国際的人権や市民的自由に関するもの，そして第3に子どもとして養育され保護される権利と社会的経済的および文化的権利に関するものです。

　子どもの権利についての新しい捉え方という点からみてとりわけ注目されるのは，第2にあげた市民的自由に関する諸権利です。具体的には，意見表明権（12条），表現・情報に関する自由（13条），思想・良心と宗教に関する自由（14条），結社・集会の自由（15条），プライバシーと名誉の保護（16条）などがこれに当たります。

　なかでも注目されるのは，**「意見表明権」**です。それは，「自己の意見を形成する能力のある児童」に対して，「自己に影響を及ぼすすべての事項について自由に自己の意見を表明する権利」を認めるものです。そしてその見解は，「年齢及び成熟度に従って」正当に考慮されるとされます。つまり，年齢と成熟という制限つきではあるものの，子どもにも自己決定権が認められるということです。

「子どもの権利条約」の提起するもの

　私たち教育関係者にとって重要なのは，これらの**市民的自由権条項**には，これまで自明とされてきた教育上の通念や慣行

に再検討を迫るアイディアが含まれていることです。

　まず第1に、教育権の捉え方が変化するということがあります。これまで子どもの教育権については、教育を受ける権利がその中核でした。これに対していまや子どもは、たんに教育を「享受」するだけではなく、教育への権利を、つまり教育内容の決定に関わる権利をももつことになります。

　第2に、しかし、市民的自由権条項の波及効果は法的な権限問題には限定されません。それらの意味することは、子どももまた大人と同様、権利の享受と行使の主体であるということです。学校においても、大人と子どもとは、教え・学ぶという役割の違いはあっても、基本的には対等な主体であると考えるべきでしょう。これまで私たちは教育という行為を、教育主体である大人が客体である子どもに対して行う行為として考えてきましたが、子どもについての新しい捉え方からいえば、**教育**とは、ともに行為の主体である大人と子どもとが、子どもの学習という共通のテーマのもとに相互に意思疎通し合うことであると考えるべきであるように思われます。

　だからといって、大人の側の「教える」という行為の意味と責任がなくなるわけではありません。いやむしろ逆です。しかし、子どもとの関係をつくり上げていくに当たっては大人の側に、いっそう細やかな配慮が求められることになるでしょう。端的にいって要求されるのは、子どもの声に耳を傾けること、です。行為し、子どもにおけるその帰結を注視せよという、フレーベルの原則を今一度、本気で追求すべき課題として思い起こす必要があるでしょう。

　さらに第3に、子どもをたんに権利の享受者としてだけではな

く，権利行使の主体として捉えることはまた，権利行使の主体への教育が，あらためて教育の重要な課題となることを意味しています。

もともと「**人権**」**の概念**は，近代の市民社会を秩序づける構成原理として発見されたものです。

封建社会が，「生まれ」と「身分」を基礎原理としていたのに対して「否」を唱えたのが，ルソーら市民社会の思想家たちでした。だが一切の規制を撤廃してしまえば，そこに出現するのは剝き出しの権力関係でしかありません。そこで「生まれ」「身分」に替わる新しい規制原理として市民社会の思想家たちが提示したのが，「人権」でした。

だが，「人権」を基礎とする社会は，人権への教育に依存します。幼児期も例外ではありません。しかしこれまで「人権」「市民」の問題は，とかく幼児期とは無縁のものと考えられてきたように思われます。

ルソーにとっては，「市民」への教育が『エミール』を書いた動機でしたが，彼はその課題を幼児期からは免除し，後に続く教育思想家もその例に倣いました。社会性の発達は今日，幼児教育の中心的な課題の一つとされていますが，そこにおける焦点はあくまで個人的な人間関係に関する能力に限定されています。公的空間において，人と人とがどのようにして互いに尊重し合いながら生きていくのか。この問題が幼児教育領域において真正面から取り上げられたことは，ほとんどなかったといってよいのではないでしょうか。

5 人権教育としての幼児教育

これに関連して二つの示唆的な実践例を紹介してみましょう。
一つは、アメリカの幼稚園教師、ペィリー (1929-) の実践、もう一つは、レッジョ・エミリアの実践です。

> ペィリーの実践──社会的公正を教える

ペィリーの一連の実践記録については現在、日本でも刊行が進んでいますが、ここで紹介したいのは、遊びにおける「排除」のことを扱った実践です。

遊びにおける「排除」、それはどの教室にもみられる現象でしょう。一般的な反応は、排除された子どもの支援に回るか、あるいは、排除する側に働きかけるか、でしょうか。

しかしペィリーの洞察は、排除の背後にある構造的な問題へと到達せずにはいられません。彼女は排除を、子どもたちの社会に根を張る権力関係の一つの現れと捉えるのです。

ごく幼い子どもたちなら、そう心配することはないでしょう。排除する者とされる者との境目はこの頃にはまだ流動的です。だが、幼稚園に入るころまでには子どもたちの人間関係もある構造を形成するようになります。子どもたちのなかに支配階層が生まれ、その子がクラスメートたちの社会的経験を制限する権利をもつようになるのです。ペィリーは端的に次のように指適します。すなわち、「どの子はよくて、どの子はだめなのかを支配階層が宣告し、アウトサイダーたちは排除されることのつらさを予期する

ことを学ぶ」(Paley [1992] p. 3)，と。

　個別的に対処するだけでは，問題は解決しません。問題は構造的です。子どもたちの関係が，力関係によって決められているということ，それ自体が問題なのです。

　「ルール」を導入したらどうか。「遊んじゃだめといっちゃだめ」というルールをです。

　彼女は思いをめぐらします。この子どもたちは，「私的なものの見方から成り立っている」家庭という人生の深い井戸から出てきたばかりです。学校は彼（女）らにとって「公的な領域にさらされる最初」，です (Paley [1992] p. 21)。そこにおいて「すべての人に開かれた接近という新しいコンセプト」を発展させることもできることでしょう。もし教師がそう要求するならば。そしてそのときには「平等な習慣」が生じることになるでしょう。

　だが他方では彼女は，遊びという，子どもたちにとって自由な選択と決断が重要な意味をもつ領域に，「平等」を強制するルールをもち込んで，はたしてよいものなのだろうかとも考えます。

　「彼（女）らのプライベートな活動領域に対する社会的介入は，本当に無制限に行われていいのだろうか？　友情はどうなる？『でもそうしたら，遊びで一番大事なことはどうなっちゃうの？』とリサは嘆く」(Paley [1992] p. 4)。

　まず，子どもたちにもちかけます。話し合ってもらい，それをテープにとって繰り返しそれを聞きます。さらに1年生や2年生，3年生，4年生にも聞いてみるということもします。みんな，この新しい規則の導入には否定的です。フェアだね，でもそれって，人間の本質とは違うと，訳知り顔に彼（女）らはいいます。

　救いの手を差し伸べてくれたのは，「お話」でした。ペィリーの

教室と同じように,「排除」の問題を抱えている架空の王国のお話をペィリーはつくりそして語ります。それが排除についての考える子どもたちの想像と思考を誘発しました。諸手を上げて歓迎されたわけではありませんが,ともかくもルールは,彼女の教室で走り出します。

レッジョ・エミリアにおける関係性の意味

他方,レッジョの人びとは,ペィリーのように子どもたちのなかに根を張る権力関係に,直接に介入することはしません。かわりに,それとは別の相互関係を経験できる活動を組織化します。「プロジェクト」というかたちで。特徴的なのは,プロジェクトがプロジェクトごとに結成される数人の小集団によって担われることです。

小集団での作業の意味について,レッジョのリーダーだったマラグッツィ(1920-94)の語るところを聞いてみましょう。

「そこにおける子どもたちの関係は,家族とか,伝統的な学校の通常の仲間関係に見られるような,親密な関係とはまったく違うもの,何か新しいものです。……この関係は,自分たちの考えがさまざまで,自分と他の子どもたちの意見は一致しないことを理解させる機会を与えてくれますし,またそれゆえ自分が,自分自身なりの考えをもちユニークな視点をもっていることにも気づかせてくれます。

子どもたちは,世界が多様であることを,また,アイディアの交渉を通して他の子どもたちの存在が発見されるということを知ることができます。もっぱら感情や友情の感覚を通して相互作用するかわりに,子どもたちは,アイディアを交換し,環境を変え

ていくということがどれほど満足のいくものであるかを発見するのです」(エドワーズほか編［2001］p. 144)。

マラグッツィにしろ，ペィリーにしろ，子どもたちに，私的で濃密な関係とは別の相互関係を経験させようという意図においては共通しているといっていいでしょう。それは，すっぽりと包まれて安らぐ，そのような意味での「暖かい巣」とは違うものです。他者のいる関係，といえばいいでしょうか。

ペィリーの学級はどこか，ルソーの「社会契約」にもとづく社会の理想を想起させます。ルソーの構想では，人民は多数意志を一般意志（正当な意志）に従わせることを要求されます。そして，自分の欲望を良心の命令に従わせることができる自律した人間こそが，「市民」に値する存在とされたのでした。ペィリーの学級で子どもたちは，自由を「公正」の原則に従わせることの，ためらいと苦痛と，そして公正を確保された社会に生きることの歓びを知ることになります。

他方，レッジョの小集団は，参加型民主主義の実験を思わせます。相互関係はもっぱら友情や情念などを通してのみ築かれるわけではないことを，プロジェクトでの活動を通して子どもたちは知ることができます。情報の社会的交換を通して，子どもたちは，葛藤や和解や相互に対する期待の変化を経験することでしょう。そしてそれらの経験のなかで，自己と他者のアイデンティティの感覚を経験し，世界の多元性を学ぶ，のです。

おわりに

もしルソーが現代に生きていたら，どのような教育構想を提示するでしょうか。

富の蓄積は，必ずしも人間の幸福にはつながらない。それがル

ソーの生涯の思索の出発点にあった問いでした。

同じ時代,経済学の祖アダム・スミス (1723-90) は,富める人と貧しい人との格差に胸を痛めながらも,それでもしかし,原始社会の王と庶民の差に比べたらその差はずっとましになったはずだ,と富の蓄積の全体的な効果を強調しました。今日なら,それはグローバル経済の成長のもたらす「トリックル・ダウン(滴下)」効果とよばれることでしょう。

だが今日私たちは,アダム・スミスほどに楽観的になれるでしょうか。

限られた資源のもとでの経済成長は,持てる者と持たざる者との地球規模での格差とそれに伴う不安と憎悪の蓄積によってあがなわれるしかありません。

ルソーがしたように,白紙に地図を書くように未来の社会と教育の構想を描くことは夢想でしかないでしょう。子どもの学習を共通テーマとする教育共同体の形成というレッジョの選択は,現実の趨勢に対する一つの選択であると思われます。

ペイリーの実践にしろ,レッジョの実践にしろ,それがそのまま私たちの答えになるわけではありません。それらが指し示すのは,現実の多元性です。世界のすべてが「孤立・無関心・暴力」(マラグッツィ)に覆われているわけではないことを示す徴候です。それぞれの現場における可能性と選択が探し求められるしかないのでしょう。

参考図書

① 吉澤昇・為本六花治・堀尾輝久 1978 年 『ルソー エミール

入門』有斐閣。

『エミール』に関してもう少し詳しく知りたい人のために。

② シュプランガー, E. 1983年 『フレーベルの思想界より』小笠原道雄・鳥光美緒子訳, 玉川大学出版部。ハイラント, H. 1991年 『フレーベル入門』小笠原道雄・藤川信夫訳, 玉川大学出版部。

　フレーベルについての入門書としては, 本格的になりますが引用文献にあげたボルノウのほか, この2冊が代表的です。

③ 森上史朗　1993年　『子どもに生きた人・倉橋惣三』フレーベル館。

　倉橋の生涯や, 彼の業績の全体像をわかりやすく知りたいという方には, この本が参考になるでしょう。

④ 永井憲一編　1995年　『子どもの権利条約の研究』法政大学現代法研究所。

　法学領域の研究者による論文集です。なお, 筆者はこの本を参考にしましたが,「子どもの権利条約」については他にも, 教育関係者によって書かれたものも含めて数多くの解説書や研究文献があり, そのどれでもまず手にとってみることをお勧めします。

⑤ レッジョ・エミリア市乳児保育所と幼児学校　2001年　『子どもたちの100の言葉――イタリア/レッジョ・エミリア市の幼児教育実践記録』田辺敬子・辻昌宏・木下龍太郎訳, 学習研究社。

　レッジョについては, 引用文献に記したエドワーズらの文献が基本文献ですが, 個人的にはレッジョの展覧会のカタログとして出されているこの本がお勧めです。それを読んでいるとフレーベルとマラグッツィは, 基本的には同じところをめざしているので

はないかと感じられます。

第2章 幼児教育の課題

　　現代社会の変動の様相を表す言葉として、少子高齢化、都市化、情報化、国際化を即座に思い浮かべることでしょう。これらは、直接的間接的に幼児の生活と心身の成長に影響します。本章では、こうした社会状況の変化と子どもの日々の生活との関係を幼児の育ちに焦点を当てて考えていきます。子どもが尊敬され人間としてかけがえのない幼児期を過ごすために幼児教育はどうあるべきか、生涯発達、道徳性と知的教育、生きる力、多文化理解の観点から具体的に国内外の実践を紹介しつつ考察します。子どもの幸せを保障する幼児教育のあり方について、自分がどのように関わったらよいか自問しつつ読み進め、視野を広げていきましょう。

1 現代の環境と幼児の育ち

少子化と幼児の育ち

1989年，日本の合計特殊出生率（1人の女性が生涯を通して産む子どもの数）が1.57になり，**少子化**が社会問題となりました（図2-1）。この傾向は加速し，2001年には統計史上過去最低の1.33を記録しました（2000年は1.35でした）。これは，スウェーデン（1.55, 2000年），フランス（1.71, 1997年），イギリス（1.71, 1997年），アメリカ（2.03, 1997年）といったおおむね低下傾向にある諸外国と比較しても低いことがわかります。一般に，2.08を下回ると国の総人口減少といわれていますから，少子化は，政治経済面から考えると，労働力や防衛力の低下といった国の存亡に関わることと捉えられています。社会面からは，社会の活気の消失や次代に文化を継承する担い手の損失ということがいわれています。

それでは，少子化は具体的に，どのように子どもの育ちに関係するのでしょうか。まず，身近な生活環境に自分と近い年齢の遊び仲間が減り，自然発生的に子ども同士だけで過ごす時間が減少します。仲間から木登りや虫の捕まえ方といった遊びの術，モノの貸借や順番といった社会のルール，縦や横の人間関係形成を学ぶ機会が限られてくるのです。ということは，相手と関わるなかで生じるいざこざや葛藤の体験が少なくなり，相手の気もちを思いやる機会が減り，自己中心性が促進されて共同体の一員としての意識が育たなくなる，すなわち「**孤人化**」が進むことにもなりかねません。最近では，子どもの対人関係の希薄性を少子化に因

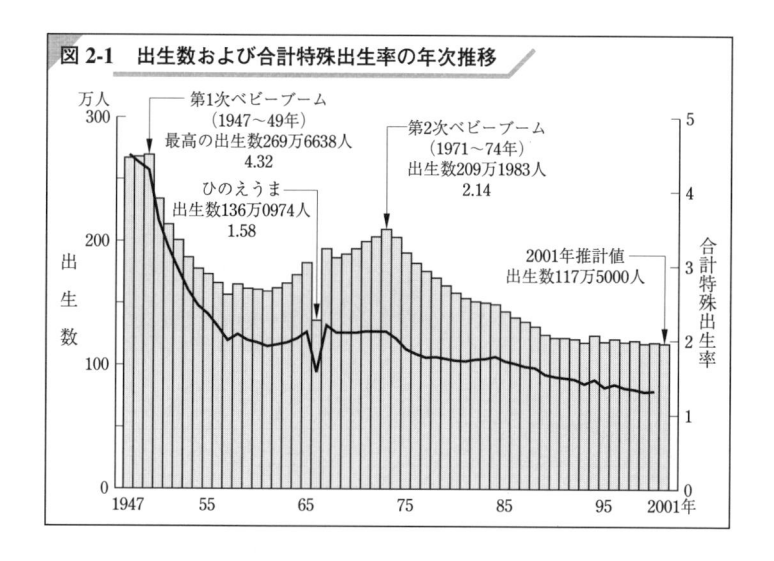

図 2-1　出生数および合計特殊出生率の年次推移

- 第1次ベビーブーム（1947〜49年）最高の出生数269万6638人　4.32
- ひのえうま　出生数136万0974人　1.58
- 第2次ベビーブーム（1971〜74年）出生数209万1983人　2.14
- 2001年推計値　出生数117万5000人

るとする傾向もあります。

　また，少子化は，親の育児力・家庭教育力の低下を招き，子どもの育ちに悪影響を及ぼすという声もあります。それは，子どもを育てる親自身が子ども同士で遊んだ経験に乏しく，子どもの発達の過程やその独自性について思いめぐらす力が弱くなり，マニュアルに依存し，そのマニュアルや自分の思い通りに子どもが育たないと，自信喪失し育児不安に陥る傾向です。

　その一方で，「少なく産んでよく育てましょう」と，早期受験や早期才能開発といった教育産業に翻弄され，子どもを消費や投資の対象，言い換えれば「モノ」として扱う傾向もみられます。それは，「親のニーズに応じます」と，親や子どものご機嫌とりと思われるような諸保育施設についても同様です。

　こうした状況にあって，親や子どもを一方的に責めても少子化の歯止めとはならないでしょう。子どもを社会の一員として受け

1　現代の環境と幼児の育ち

とめ,子どもの「今」とともに生きる体験が求められているのではないでしょうか。子どもの面白さ,不思議さ,楽しさ,命あるゆえの苦難,悩みを共有し分かち合う機会の奨励と親の「声」を分かち合う広場やネットワークの形成が求められています。そこでは,**「お互いさま」**といえる関係形成が大切です。子どもを大人のご都合主義の道具として捉えることから,ともに生きる共同体の一員として捉えることへの考え方の転換が課題でしょう。

情報化と幼児の育ち

1997年12月,テレビの人気アニメ『ポケットモンスター』視聴中,コンピュータのなかで戦うシーンで発せられた赤と青の光の点滅直後に変調を訴え,2日後報道されただけでも病院に駆け込んだ子どもが685人でました(『毎日新聞』1997年12月18日)。この事件は,子どもがテレビをはじめとするメディア環境のなかで育つ様子を浮き彫りにし,コンピュータ等情報通信機器が子どもの心身に及ぼす影響について論議を招くことになりました。

その一つに,仮想現実(ヴァーチャル・リアリティ)の世界に身を置く子どもの姿があります。「たまごっち」に端を発した電子ペットによる疑似体験は,現実と空想世界の見極めを難しくしたといわれました。筆者は,5歳男児の祖父が亡くなった際,「いつになったらおじいちゃんおきるの。どのボタンプッシュするの」とたずね,母親がコンピュータ・ゲームの放任を反省したことを聞いたことがあります。また,仮想現実にのめり込むことは,五感を用いて身のまわりの事象に対する感性の育ちを貧弱にするという心配も語られています。

二つ目には,**「スナップショット」**化する子どもの姿です。次か

ら次へと,目まぐるしく変わる映像やゲームの画面体験は,「話が聞けない」「すぐパニックになる」「待てない」子どもをつくり出していると言われています。そして,情報源の主流であるメディアは,「子どもが危ない」「子どもらしさの喪失」といった否定的な子どものイメージを流布しています。

さて,幼児の育ちに携わる者の課題は何でしょう。デジタル時代に生きる子どもを知ることと,自分自身と真摯に向き合うことではないかと思います。子どもは本来,空想世界を旅する力をもちあわせていますし,その力は時代が変わっても権利として保障されなくてはなりません(その内容や質についてここでは言及しませんが)。また,子ども観について,保育に携わる者はただ「かわいい」「無垢」と子ども礼賛に走り,その枠に子どもを閉じ込めていないか省察し,子ども祝福論だけの見方からの脱却を考えたいものです。

そもそも,情報は相手に何かを伝えたい意思の疎通を求め,相手と関わりたいというコミュニケーションを図る手段として発展してきました。子どもと,学びのパートナーとして共有できることは何か,子どもから示唆されることは何か,子どもから発信される情報をさまざまなかたちの鏡に映し出して,新しい生活と文化の創造の可能性を思いめぐらすことが求められています。

都市化と幼児の育ち

都市化とは,都市に就労や生活の居地を求めて人口が集中していく過程です。日本では,1960年代の高度経済成長期からこの傾向が進みました。都市化を考える際,表裏の関係で忘れてはならないことに,「過疎化」があります。農漁村部の人口減少は,第一次産業の衰退や自

然の荒廃を招くことになります。こうした都市化（過疎化）が，幼児の成長発達に及ぼす影響を憂慮する事態が発生しています。

　昨今注目されている問題に，環境ホルモンがあります。1997年アメリカの動物学博士であるコルボーンらが，著書『奪われし未来』のなかで，野生動物の生殖異変の原因が殺虫剤や農薬による環境汚染であると公表しました。環境ホルモンは，生物のオスをメス化，メスをオス化し，免疫の仕組みを破壊，脳や神経への悪影響を及ぼし，生物を絶滅する威力がある化学物質のことです。PCB（塩化ビフェニール）やダイオキシンが特に疑われています。私たちが，毎日口にするものの中にも環境ホルモンが含まれていることは十分考えられることなのです。

　また，幼児の生活リズムや身体（運動）機能についても，心配は絶えません。都市化により，勤務時間など親の就業形態が多様化し，子どもを夜型の生活におくことになりました。子どもは，昼に活動する活力を奪われ，身体の成長や運動力にも低下がみられています。特に，大都市にある保育施設や子どもだけで安心して遊べる場の減少は，子どもが十分に身体を動かして生活する空間が欠如しているため，運動感覚を磨くことや気もちを外に発散することが難しい状況を生み出しています。過疎化が進むところは，豊かな自然と遊びの空間が備わっているように思えるのですが，まわりに同年齢の子どもが少なく，車での移動への依存や室内での遊びが多くなり，心身の健やかな成長を阻害しているといわれています。

　こうしてみると，幼児が育つ環境の問題は山積みです。人為的に子どもを喜ばせ楽しませる娯楽的な環境は，探究心や好奇心に満ち溢れている子どもの遊ぶ力を奪い取ることにもなりかねませ

ん。また，地方には自然があり心身の健康に良いとして，都市の子どもが日帰り等単発的に訪れるだけでは十分といえないことは明らかです。横浜市のある地区では，保育者が子どもや保護者とともに大地に「寝っころがる」体験をもっています。自然と関わり慈しむ第一歩といえるでしょう。自分の生活環境のなかで，何ができるかを問い，「今」を大切にしていくことが，次代への継承，充実，発展に繋がることでしょう。それは，幼児の問題に限定せず，一人ひとりこの世界に生を受けている者の問題として心に留めておきたいものです。

2 生涯発達の基礎づくり

ライフサイクルと発達課題

厚生労働省は，2001年の日本人の平均寿命は，女性が84.93歳，男性が78.07歳となり，過去最高を記録したと発表しました (2002年)。100年前は，女性が44.85歳，男性が43.97歳でしたから，それぞれ約40歳と30歳延びたことになります。それだけに，人生どのように生きるか，ライフサイクル (誕生から死までの人の一生の過程) を考えることが重要視されています。年齢や性差を問わず，私たちは，日々さまざまな課題や危機に出会います。それらに向き合い，乗り越えるところに新しい地平が拓かれる，ここに発達があります。ですから，人間は，生涯発達する存在といえましょう。

特に，日本では，昔から「三つ子の魂百まで」のことわざがあるように，幼児期のあり方が生涯発達の基礎として位置づけられ

ており，人生の方向づけをするとの認識に立ってきました。それは，今日，マスメディアで取り上げられている学級崩壊，不登校，引きこもり，いじめ，援助交際等を分析する際，乳幼児期の様子が取り沙汰されることからもうかがえます。もちろん，ある特定時期の様子だけで，判断することは危険ですし不可能です。とはいうものの，幼児教育に携わる者が，生涯発達のなかにおける発達課題を知ることは，子ども理解やふさわしい生活環境構成に有意義です。

> ハヴィガーストの発達課題論

人間の生涯にわたる発達を考えた時，時期や年齢によって特有な段階があり，それぞれの段階において習得しなければならない課題，すなわち**発達課題**があることを系統的に提示したのがハヴィガースト（1900- ）です。著書『人間の発達課題と教育』（1995年）のなかで，彼は，生涯における各時期に必要な発達課題を挙げて，それらを達成することで，次段階の課題達成を容易にし幸福をもたらすが，そうでないと，後の課題達成にも影響が及び，人は不幸となると述べました。

彼の理論によると，幼児期の発達課題には九つあり，それらは，身体的（自立と自律），情緒的（人との関係），社会的（善悪の判断），認知的発達（言語，事象概念形成）の側面から捉えられていることがわかります（表2-1参照）。ということは，幼児期にこれらの課題を達成していないと，後の発達は困難とみなされます。保育の実践にそのまま適用しようとすると，課題達成のみが強調され，幼児一人ひとりが携えている気質，生育歴，文化背景を無視することになりかねない問題をはらんでいます。

表 2-1 ハヴィガーストによる幼児期・児童期の発達課題

幼児期
1. 歩行の学習
2. 固形の食物をとることの学習
3. 話すことの学習
4. 排泄の仕方を学ぶこと
5. 性の相違を知り,性の慎しみを学ぶこと
6. 生理的安定を得ること
7. 社会や事物についての単純な概念を形成すること
8. 両親,兄弟姉妹や他人と情緒的に結びつくこと
9. 善悪を区別することの学習と良心を発達させること

児童期
1. 普通の遊戯に必要な身体的技能の習得
2. 成長する生活体としての自己に対する健全な態度を養うこと
3. 友だちと仲良くすること
4. 男子として,また女子としての社会的役割を学ぶこと
5. 読み・書き・計算の基礎的能力を発達させること
6. 日常生活に必要な概念を発達させること
7. 良心・道徳的・価値判断の尺度を発達させること
8. 人格の独立性を達成すること
9. 社会の諸機関や諸団体に対する社会的態度を発達させること

(出所) ハヴィガースト [1995]。

エリクソンのライフサイクル論

エリクソン (1902-94) は,**ライフサイクル**を8段階 (なお,青年期を二つに分けているので9段階と捉える場合もあります) に分け,それぞれの段階に直面する**心理・社会的危機** (課題) を軸に独自の発達観を展開しました (表2-2参照)。

まず,エリクソンは,乳児期は基本的な**信頼感**の育ちが肝心であると論じました。佐々木正美は,30年前の欧米の乳児院における事例を取り上げて説明しています (佐々木 [1996])。それは,深夜,望んだ乳児に授乳する群としない群に分けて,様子をみた研究です。授乳されなかった乳児は,3日から1週間ぐらいで朝まで泣かなくなったそうです。このグループの子どもたちは,忍耐

表 2-2 エリクソンのライフサイクル展望

発達・成熟段階	心理・社会的危機	重要な人間関係の範囲	発達課題
Ⅰ 乳児期 （誕生〜2歳）	基本的信頼／不信	母親的な人	社会的密着 対象の永続性 感覚運動的知能 運動機能
Ⅱ 幼児期（2〜4歳） （歩行期）	自律性／恥・疑惑	親的な人（複数）	自己統制（抑制） 言語、空想、遊び 移動能力の完成
Ⅲ 児童期 （4〜7歳）	積極性 （自主性）／罪悪感	基本的家族	性的同一視 初期の道徳性 具体的操作 集団遊び
Ⅳ 学童期 （7〜12歳）	勤勉性 （完成）／劣等感	「近隣」，学校	同性仲間集団（社会）内の協力 自己評価 技能の学習 チーム・プレイ
Ⅴ 青年期　前期（思春期）（13〜17歳）	集団同一性（アイデンティティ）／疎外	家族・仲間集団・学校その他の集団リーダーシップ（指導性）のモデル大学の仲間	身体的成熟 形式的操作 仲間集団内の成員 異性関係
Ⅴ 青年期　後期（18〜22歳）	個人的同一性（アイデンティティ）／役割拡散		両親からの自立 性役割同一性 道徳性（内在化） 職業選択
Ⅵ 成人前期 （23〜35歳） （若い成人期）	親密性 （連帯性）／孤立	友情，共感，競争の相手・結婚の相手	結婚 出産 仕事 ライフ・スタイル
Ⅶ 成人中期 （36〜55歳） （壮年期）	世代性 （生殖性）／停滞（自己吸収）	分業と共同の家族（分担する労働と共有する家族）	家庭の運営 育児 仕事の管理・研究
Ⅷ 成人後期 （56歳〜） （老年期）	統合 （完全性）／絶望	「人類」，「私の種族」	新しい役割と活動への再出発 自分の人生の受容 死に対する態度

（出所）　佐々木［1996］p.7。

強い子になったと思われがちですが，その後の追跡研究によると，その反対で何ごとにもあきらめやすい傾向にあった，というのです。佐々木は，これは，周囲の人に対する不信感と自分に対する

無力感を乳児期に学んだことによると説明しています。エリクソンは，人に受け入れられた実感が乏しいと，人を信じる感性を育てることもなく，自分の可能性を信じることも難しくなると論じたのです。

幼児期初期について，エリクソンは自律性と自主性を心理・社会的危機と位置づけました。**自律性**は，字が表す通り「自分を律すること」で，自分の感情や行動を自分でコントロールすることです。この時期の子どもが経験する課題は，トイレット・トレーニングや食べることをはじめとする基本的生活習慣がほとんどです。また，何に対しても「やだ」を連発する時期でもあり，おとなの要請に対して，自分で試しながら克服していく姿があります。前段階の基本的信頼感が身についてこそ，自律性が身につくことは前述との関係で読み取れることでしょう。

幼稚園通園期の課題は，**自主性**です。「やってみよう」と好奇心をもちさまざまな遊びに向かっていく姿が多くみられる時で，自分で選択し，考え，行動し，学ぶ経緯がみられます。創造性を豊かにする，生きることへの探究心が促進される時期でしょう。ところが，基本的信頼関係が育っておらず，自分をコントロールする力が身についていないと，自分で遊び，まわりの人と関わっていく力が弱く，依存性が強く自分で選んで生活することに罪悪感を抱くようになる，とエリクソンは論じています。

エリクソンの発達論は，ライフサイクルのなかで捉えており，生涯の発達がどのように前後関連しているのか，人格形成の過程を知ることになります。彼の発達観から示唆を受けることは，発達を語る際，まわりの人との関係に着目している点です。段階決定論として，子どもをその段階に当てはめてしまうのではなく，

子どもの育ちに関わる者が、どのように子どもが育っているのかを知り、その発達の過程を把握して、どのように子どもと関わるか自分の姿勢について思いめぐらすことが大切です。

小田豊の風船説

人間（幼児期）の発達を考える際、「段階」という言葉のみに着目すると、人の生涯を階段や直線的に捉えて、「上へ」「前へ」行くことだけをよしとする傾向に陥ります。小田豊は、従来の**階段的発達観**を推し進めていくと、「4歳になればこれができる」といった一つのものさしで子どもを評価することになるとして、「階段説」重視の危険性を論じました。例えば、6歳の子どもが3歳のような行動をすると「劣った子」とみなしたり、早い段階で文字を書いたり計算ができたりすると、より早い発達を、と階段をスキップすることを叱咤激励することに繋がると指摘しています。こうなると、身体機能や文化背景が異なる子どもに対しての配慮はされず、差別化や強制し同化を助長することになります。

小田は、ピアジェ（1896-1980）やヴィゴツキー（1896-1934）の、「子どもは、生来自ら発達する力を携えている」とする視点に基づき、「子どもの発達は子どもみずからが『ふうせん』を膨らませていくようなものである（小田 [2001] p.17）」とした発達観を展開しました。一人ひとりの子どもは小さかったり大きかったり、まん丸であったり楕円であったり、黄色だったり青だったりという**ユニークな風船**で、まわりの人の支えを受けつつ、順序を追って大きくなっていくことを表しました（図2-2参照）。風船は、途中を省いては大きくなることはありませんが、膨らみ方は、子どもの性質や背景によって異なることを包括しています。

図 2-2 発達の風船説

```
        老   年   期
       壮      年      期
      成      人      期
       思    春    期
        児   童   期
         幼 児 期
          乳児期
```

（出所）小田［2001］p. 17。

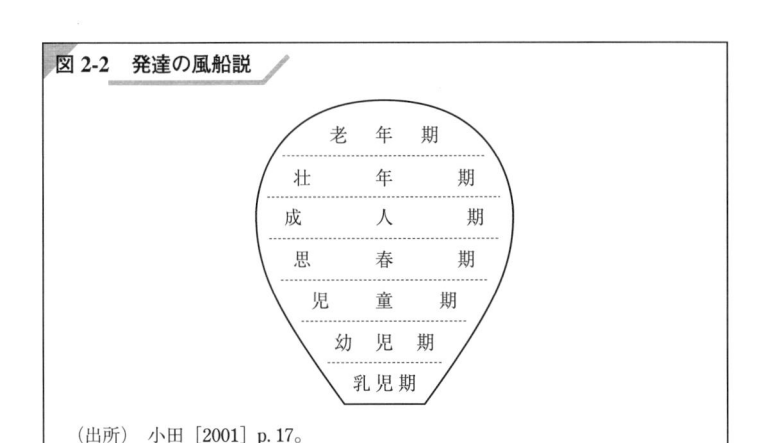

　ですから，保育者は，一人ひとりの風船の形状を理解して，その膨らみといえる発達状況を捉え，その過程を見守り支え，時には空気を入れることが求められるのです。

3　知的教育

知的教育の混乱　　今，学校教育に関して活発に展開されている議論に「学力低下」があります。『分数ができない大学生』（岡部ほか編［1999］）のなかで，大学生の学力危機を表したことに端を発した「学力低下」問題は，小学校にまで拡がってきています。そこには，文部科学省の「ゆとり教育」は必要悪であると指摘する声がありました。そして，その声に応じるように，文部科学省は「学びのすすめ」を提唱し，「読み書き算」の基礎学力の徹底を打ち出しました。今，学校教育は混迷しています。

このことは，幼児教育・保育に無関係でしょうか。決してそんなことはありません。その余波があるといっても過言ではないでしょう。「学力低下」が過熱するなか，「遅れたら大変」という親の不安が増大されています。その弱みに目をつけて，「早いほうが習得がよい」「早く始めたほうが得」と言葉を巧みに用いて，才能開発や知的な子どもを育てる教育と銘打って文字を読んだり，漢字を書いたり，計算したりすることを促進する動きがあります。

　佐藤学は，『学力を問い直す──学びのカリキュラムへ』（2001年）のなかで，基礎学力の量的側面（教育内容の量や測定できる達成度）は論じられているが，質的側面（教育内容や思考の領域）については言及されていないことを指摘し，「読み書き算」を基礎学力とする捉え方の見直しと具体的改革の推進について提起しています。これは，幼児教育における知的教育の捉え方についても示唆を与えます。

　幼稚園教育の充実と発展を図るため，新しい「幼稚園教育要領」では，幼児期にふさわしい知的発達を促す教育のあり方を示しました。それは，たんに文字や数字の教育促進に直結するものではありません。身近な人や事象に目と心を向け，関わることが大前提です。このなかに，文字への関心や数量に対する感覚を豊かにすることも含まれています。気づいたり，考えたり迷ったりする試行錯誤の過程を通して，理解し新しい課題を導き出す。こうした多様な視点からの学びが知的教育なのです。

アメリカの DAP にみる知的教育への挑戦

　DAP（Developmentally Appropriate Practice：発達にふさわしい実践）とは，1926年に創設され，現在国内外を含め

10万人以上の会員を有する乳幼児教育保育の専門家団体 NAEYC (The National Association for the Education of Young Children) によって作成された，0〜8歳の子どもを対象とした教育保育実践の基本見解と指針を示したものです。

DAP が生まれた背景には，アメリカ社会の教育の失敗と経済不況がありました。1960年代に推進された行動主義学習理論に基づく実践は，子ども間の学力格差や教育保育プログラムの悪化を引き起こしました。それは，子どもが主体的にさまざまな経験をする知的な学びではなく，教師から子どもへの全体的，一方的な教え込みやドリルの反復といった機械的な学習であったからです。こうしたことを省みて，知的な学び手としての子どもの発達にふさわしい実践プログラムとして DAP が開発されたのです。97年の改訂版では，年齢，個人，社会文化の3側面から発達を捉えています。そして，読み書き算という狭義の学習スキルではなく，乳幼児の発達にふさわしい統合的なカリキュラムを通して**リテラシーとしての力**をつけていくことが，知的教育であり，子どもの学力と実践の質の向上につながることを包容しています。

リテラシーには「読み書き能力」のほかに「教養力」という意味があります。DAP では，リテラシーを「考える力，論理する力，質問する力，試す力」の統合としていることが読み取れます。この力は，教育保育施設の周りを散策することや美術館や博物館を含む屋外活動，劇遊び，室内を絵本をはじめ，教材や遊びのコーナーを文字で表示するといった活字豊かな環境のなかで，声に出して読んだり自然発生的に書いたりする機会を豊富にする経験的学びによって身につくとしています。さらに，DAP はこの学びの過程において，家庭との連携を奨励しています。家庭との相互

的な協力関係を築くことが、子どもの家庭の文化を学校の共有財産へともたらし、子どもが社会の一員として認められていると安心感を抱いて知識を深めることになると捉えています。

こうした見解と指針は、イタリアのレッジョ・エミリアの実践（第3章参照）の影響を受けていることが読み取れますし、実際にDAPのなかでも述べています。子どもの感情的・認知的・社会的発達を総合的に捉えるレッジョ・エミリアの実践から示唆を受けつつ、アメリカが直面する文化の多様性を資源とした知的教育の指針をDAPにみることができるでしょう。

もっとも、これで万事解決しているわけではありません。研究者のなかには、理論的にDAPはよく考えられているが、リテラシー教育の実践例が限られており、評価方法や規準が不明瞭であるとする声もあります（Dickinson［2002］）。

このことは、まさしく日本の保育についても同様に考えさせられることです。どのように、「幼稚園教育要領」が活用され知的教育の実践として反映しているのか、机上で終わらせず、子どもの可能性、有能性、そして創造性を信じて、知の創造と探究をさまざまな人やモノとの協働から展開し世界を広げていく学びの過程としての知的教育の展開が求められています。

4 道徳性の育成

幼児教育における道徳性の芽生えと育み

「かして」「やだよ」、「入れて」「だめ」、「Aちゃんばっかりでずるいよ」「じゅんばんかわるんだよ」「そうだよ、ブランコ

かわりばんこだよ」,「もうや―めた」「わたしも,Bちゃんばかりおにでつまらないもん」,「お弁当のまえ,手,あらわなくっちゃいけないんだよ」。現場におけるこうした光景を,あなたはどのように思いますか。「やだ」「だめ」という子を「問題児」と思いますか。または,子ども同士の衝突が多い「問題ある幼稚園・保育所」と思いますか。おそらく,保育に携わっている人であれば,むしろ,「よし,よし」とか「やってるな」と日常の一場面の光景として,ほほえましく受けとめるのではないでしょうか。それは,こうした子どものやりとりに,自己主張しあえる関係が育っていることを見出すからでしょう。さらに,こうしたやりとりのなかに,子どもが集団生活において,してよいことと悪いことがあることに気づくこと,他者を思いやり協調性をもつこと,きまりを守ることといった心と正しい行動をしようとする力が芽生えていると受けとめるからでしょう。言い換えると,子どものなかに道徳性が芽生えていると捉えているからでしょう。

かつて,アメリカの哲学者デューイ(1859-1952)は,「学校は,社会の縮図であり,学びの共同体である」と論じました(Dewey[1900])。「多様な人とともに生きる」という民主主義の思想に基づいた社会づくりを構想したデューイは,一人ひとりが自由な意思をもち,対話的な交わりにより,他者との調和を図りつつ善く生き合う学びを奨励したのです。その学びが学校において可能であると考えたゆえに,社会の縮図として学校をみたのでしょう。保育の場においても,こうしたことは,十分可能であるといえることは,前述の子どもの様子からうかがえます。

ですから,保育における道徳性の育成とは,直接的・間接的経験により,ともに善く生きる社会形成の基盤を培うことです。

道徳性と幼児期の発達の特性

幼児期の子どものなかに，道徳性が芽生えている様子を前述しました。さて，道徳性の育みについてですが，「幼稚園教育要領」では，「幼児期にふさわしい道徳性を生活の中で身につける」と記しています。ということは，幼児期の道徳性の特徴について考えることが必要とされます。

まず，「**他律的道徳性**」が挙げられます。「だって，おかあさんが言ったよ」「先生に怒られるから」「神さまがみてるよ」など，多くの場合，幼児期の子どもは，善悪の判断やルールの規準設定は，自分より力のある絶対的存在によりなされる，とみなしています。幼児は，自分一人では生活できないことを体験から知っており，それゆえ，周りの大人の判断によって，してよいことと悪いことが規定されると内面化し意識化していると考えられます。

しかしながら，これが，大人全般に通じるかというと，そうでもありません。よく耳にするケースとして，教育実習生が「やってはいけません」と繰り返し言っても聞き入れてもらえなかったのに，担任の教師が一目見ただけで，行動をやめたということがあります。これは，教師が社会規範を決定するうえで絶対であること，また，子どもが教師を信頼し尊敬していることを物語っている例といえるでしょう。ですから，子どものなかに，誰の言うことを聞くか選別しつつ，言動の規準を依存していることがわかります。こうしたことから，幼児期の子どもの道徳性育成を考える際，特に保育者は，子どもを未熟な者とみなして，上から教えてあげるとする権威主義や形式主義に陥り，押しつけの教育にならないことを心得ていなくてはいけません。

こうした「他律的道徳性」を特徴として挙げられる一方，幼児

期の子どもを見ていると，自発的に善いことと悪いことを判断し，他者を思いやる「**自律的道徳性**」を携えていることにも気づきます。おもちゃをめぐるいざこざで思わず相手を叩いてしまった時，「しまった」と顔色を曇らせることや，転んで泣いている友だちを見つけると，ハンカチを出して相手の目頭にあてて慰めることなど，誰に言われることなく悪を正し善を行う力や他者を思う気もちが備わっていることがわかります。

ただし，幼児期の「自律的道徳性」は，多くの場合，自分の気もちや思いが必ずしも他者とは，同じでないことに気づかない発達過程にあるため，誤解を招くこともあります。例えば，泣いている友達を慰めようとして，自分の好きな狼のぬいぐるみを持っていったところ，相手は，「怖い」と感じて投げてしまい，一段と泣き声が大きくなることがあります。また，片づけのお手伝いとして，何でもかんでもごみ箱に捨ててしまい，よかれとしたことが，相手には大迷惑という事態が起こることもあります。ですから，子どもに関わる者は「自律的道徳性」を過大評価して，何でも子どもの選択に任せる放任主義に陥らないように気をつけ，子どもには，相手にとって嬉しくないこともあるという別の角度から物ごとの見方に気がつける機会をもつことが必要となります。

文化にふさわしい道徳性の育成

道徳性の育成を考える際，忘れてはならないことに**文化による価値観の違い**を考慮することがあります。言い換えると，何を善しとするか，文化によって異なることがあるということです。

例えば，多くの日本の保育現場で床の上に座って食事をする時，

正座をすることを善しとするでしょう。一方、多くの韓国人は、立て膝を正座として捉えています。こうした価値観の違いを知らないと、「なんと、行儀が悪い子どもでしょう」とみなすことになります。また、アメリカから帰国した日本人幼児が、心弾ませて幼稚園に行ったところ、持っていったぬいぐるみを玄関で保育者に取り上げられて、同行した母親も困惑したことがありました。これは、日本の幼稚園と子どもが通っていたアメリカの幼稚園におけるルールが異なることから生じたのです。

　保育の現場という集団生活における、子どもの発達にふさわしい道徳性の育成は、子どもの年齢や性格をはじめ、文化の多様性に対するふさわしさをも考慮して、一人ひとりが善く生き合うことへの基礎づくりとなることをめざしていきたいものです。

5　生きる力の育成

生きる力と幸福の追求　新しい「幼稚園教育要領」では、幼児教育は「生きる力の基礎を育成すること」が強調されています。それでは、「生きる力」とは何かと問われると、即答できる人は非常に少ないのではないでしょうか。誰もが携えておきたい普遍的な力であるのにもかかわらず、大変抽象的な概念であるからです。

　それでは、少し角度を変えて「生きていると感じられた時」について考えてみるとどうでしょう。

　・苦しくて何度も下山しようと思ったけれど、頂上に着いた途端、今までの葛藤を忘れ充実感にあふれた時。

・たくさん歩いた後に，湧き水を一口飲んだ時。

・教育実習中，朝起きるのがつらかったけれど，朝，子どもたちの笑顔をみた時。

本書を読んでいる方は，上の例に似たような経験があることでしょう。ここで共通しているのは，課題に取り組み，自分の存在が世界（人やモノ）と繋がっていると感じた時に生きていることを実感していることです。「生きる力」とは，すなわち，希望をもって歩む力であり，幸せの追求といえるでしょう。

一人ひとり，幸せの捉え方や感じ方はそれぞれ異なります。そのことが保障されるために，憲法13条では，「すべて国民は，個人として尊重される。生命，自由及び幸福追求に対する国民の権利については，公共の福祉に反しない限り，立法その他の国政の上で，最大の尊重を必要とする」と表しています。生きる力とは，一人ひとりが尊重され大切にされ，他者と幸福を分かち合える力であり，こうした力の育成が求められているのです。身の周りの世界との関わりを通して，人生をよりいっそう豊かなものにしていくことが，幼児教育の実践においても求められているのです。

個人の尊厳（エンパワーメント）

幼児教育のなかで，重視されていることに，子どもの主体性，自主性を尊重することがあります。言い換えれば，子ども一人ひとりが「声」をもつ存在であり，意思表示できる権利をもつ存在であるとして，その権利を保障することです。それは，個人を尊厳する教育であり，子どもの**エンパワーメント**を促進する教育です。

エンパワーメントとは，英語でempowermentと綴り，em

5 生きる力の育成

(en)(〜の中へ,〜の内へ)と power(力)から成る語です。自分の内面に力を蓄えることであり,その力を発揮できるようにすることです。従来,社会のなかで,外からの力により,弱者とされてきた子ども,女性,障害児(者),少数民族等が,一人ひとり可能性をもち,行動する力をもっている存在であることを認めることに意義があります。

国の幼児教育保育のカリキュラムのなかで,このエンパワーメントの考えを前面に打ち出しているのが,ニュージーランドです。長い間抑圧されてきた先住民マオリの文化と言語を大切にして,複合民族国家,多文化理解を推し進める国づくりの基礎として,「2言語2文化のカリキュラム "Te Whariki(テワリキ)"(編み込みマットのメタファー)」が 1996 年にできました(図2-3参照)。基本原理のなかで,エンパワーメントが確かな居場所をもっています。ここでは,「子どもが自ら学び成長する力を与える」とエンパワーメントを定義しています。子どもを力みなぎる能動的な存在として捉え実践しようとする意気込みが感じとれます。まさに,生きる力の育成です。

他者への貢献

エンパワーメントは,「〜しなさい」から「〜してみましょう」「〜してみては」というパラダイム(考え方の枠組み)への転換です。しかし,それに対して,「幼児の主体性,自発性を尊重しすぎると,自分勝手な子どもを育てることになるのではないか」という疑問を抱かれるかもしれません。それは,子どもには自己決定権や判断力がないという視点に立つことや,何でも子ども任せにして,「だって,子どもが決めたのですから」と責任回避や放任に走るからではないで

図 2-3　ニュージーランド幼児教育保育カリキュラム・Te Wharikiの構造と構成

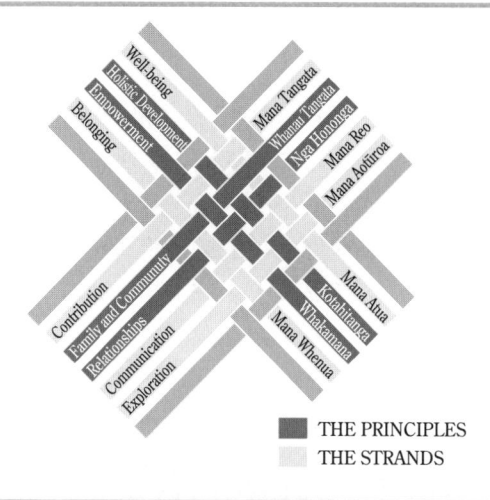

■ THE PRINCIPLES
□ THE STRANDS

THE PRINCIPLES　カリキュラムの中核となる原理			
Empowerment Whakamana エンパワーメント	Holistic Development Kotahitanga ホーリスティックな発達	Family and Community Whanau Tangata 家族と地域社会	Relationships Nga Hononga 関係性
子どもに学び成長する力を与える	部分に分けず，むしろ総合的に全体的に学ぶ	より広く，子どもの家族や地域社会と連携する	人・場所・物などと相互に関連し共同して学ぶ

THE STRANDS　さまざまな学びと発達の分野を表したもの				
Well-being Mana Atua 健康・福利	Belonging Mana Whenua 所属の意識	Contribution Mana Tangata 貢献	Communication Mana Reo コミュニケーション	Exploration Mana Aotūroa 探索・探求
子どもの健康と福利は守られ，育てられる	子どもたちとその家族は親密な関係を感じ取る	学びの機会は平等であって，それぞれが個人として尊重される	あらゆる種類の言葉やシンボル（話し言葉，書き言葉，描かれ・記されたもの）を使うことが奨励される	遊ぶこと，また新しい経験によって物事を考えたりつくり出す

GOALS　PRINCIPLESとSTRANDSに立脚した学習プログラムのための明確な方向性を備えた117の達成目標

（出所）　OMEP日本委員会［2000］。

しょうか。「エンパワーメント」とは，無秩序で無責任な人間として成長するための力ではありません。前述したところから気づくように自分を主張し律しつつ他者と協働できる力です。

ニュージーランドのカリキュラム「Te Whariki」をもう一度見ることにしましょう。子どもの学びと発達の分野を表すなかに「**貢献**」(contribution) が表示されています。子ども一人ひとりが携えている力や背景を重んじつつ，人や社会に貢献することです。

子ども同士のなかで個人が尊重されていると，対等に気もちを伝え合い，遊びのなかで貢献し合えるのです。相手のアイディアを取り入れて，遊びを展開していくことが多々あります。保育の場で，砂遊び，木工や木登り，望遠鏡づくりなど，個人のアイディアが遊び社会に貢献されていく様子をみることがよくあるでしょう。

保育者との関わりにおいても，子どもが貢献していると感じられることは，多々あります。当番になり昼食の準備をすること，ごみ拾いや草木の手入れ，荷物持ちなど，ほんのささいなことであったとしても，子どもが自分の存在が認められていることと，他者を思いやり行動することを通して，生きる力をつけていくことでしょう。

社会に対しても，子どもは貢献できる力をもち合わせています。沖縄のある公立幼稚園の実践です。園庭にひまわりが好きな子どもと，種をまき育てたそうです。道路に面したところだったそうで，道行く人から，ひまわりを育む子どもの様子とひまわりは，地域に活気を与えてくれたとの声が寄せられ，ひまわりの花を地域の人と分かち合ったというのです。環境の美化と地域内の交流という，幼稚園が社会に貢献した実践となった様子がわかります。

また，東京のある私立幼稚園では，園庭に落ちた銀杏を拾い，園関係者に配り献金していただいて，カンボジア難民に送る実践をしています。

　生きる力の育成は，子ども一人ひとりの命が尊ばれ，「生」を世界との繋がりのなかで豊かにすることです。生きる力の育成とは，翻って考えると，保育者自身への生き方への問いであるといえます。

6　多文化理解

保育現場における多文化の現状

　「保育園は多文化社会」（『朝日新聞』2001年10月23日朝刊），「都会の赤ちゃん国際化急ピッチ」（『朝日新聞』1999年10月8日朝刊），「外国人の子どもまた増えた」（『朝日新聞』1999年3月22日朝刊）と，新聞で，日本に暮らす外国人や国際結婚の数が増えたことを取り上げ，多文化化している保育現場の様子を伝えることが多くなりました。

　また，外国人保育に関するある調査報告（全国の84地方自治体と全国552か所の保育所を対象に行ったもの）によると，計4260の保育所で外国人を含む保育がなされ，1万7784人の外国籍乳幼児が在籍していることが明らかになりました。その数は，全国の保育所入所児の1％以上に及んでいると推察されたのです。特に，東京，名古屋，大阪という大都市や川崎，横浜，豊橋等の中都市に多くみられました（網野 [2001] p.89）。外国籍児を含む保育は，今，誰もが取り組む必要のある課題だといえます。

しかしながら、こうした多文化化を自分のことと受けとめて毎日の保育に従事している声があまり聞こえてこないのが、筆者の実感です。筆者が行った都心地区の幼稚園教師を対象にした研究においても「多文化教育・保育」を耳にしたことがあると回答したのは、全回答（99人）中12人（12.1％）で、現場教師への浸透率が高いとはいえないことが明らかになりました（森［1998］p.722）。

多文化教育・保育は、日常の保育のなかで「私の問題」としてではなく、「彼（女）らの問題」として受けとめられているという印象があります。ここには、何を拠り所として「多文化教育・保育」とするのか不明瞭であることも関係しているでしょう。

多文化教育・保育――日米の比較より

多文化教育は、1960年代アメリカにおいて発展した公民権運動を軸にして広がったというのが通説です。一人ひとりが市民として認められ、人種差別や民族間にある不均衡や摩擦を克服することを、教育を通して具現化することをめざしたのです。その後、多文化教育の捉え方は拡がり、現在は、民主主義の理念のもと、一人ひとりが携えている「人種、民族、言語、社会階層、心身の機能、ジェンダー、宗教、生活習慣」を認め、お互いに相手の違いを尊重して平等で公正な社会をつくるため、教育の場で展開していくことが進められています。ですから、アメリカにおける「多文化教育」は、たんに国と国の違いを学ぶことや、世界のお祭りといった行事教育ではないことがわかるでしょう。

一方、日本における多文化教育・保育は、1980年代の国際化進展の影響、すなわち外国人労働者や留学生の来日による「内なる

国際化」や日本人で海外在住する「外なる国際化」を受けて発展してきました。国内では，特にニューカマーとよばれる主に南米，東南アジアからの外国籍児の子どもを含む教育・保育のあり方を考えて展開することが主流となっています。

多文化教育・保育は，「これ」といった一つの方法ではないところに難しさがありますが，それゆえ，文脈（国や地域をはじめとする文化状況）を重視するという多様性を認めることに意義を見出せます。多文化保育の視点に立つ保育は，保育者の意識の所在が関係していることはいうまでもありません。

日本における多文化保育の落とし穴

子ども一人ひとりが携えている文化背景を尊重した保育は，誰もが留意することとして自明なことです。しかし，いざ実践となり「私の問題」になると，困難に直面するのが現実でしょう。

「言葉が通じない」「健康のために薄着の励行をしたら，虐待と疑われた」「カレーの中に豚肉を入れて，イスラム教徒から訴えられそうになった」など，保護者とのすれ違いや無知による問題をよく耳にします。なかには，相互理解を深めようとマニュアルを作成しようとするところもありますが，これが行き過ぎると「外国人はこうする，日本人はこうする」と二項対立的な捉え方や，「この国の人はこうする」とステレオタイプ化してしまう危険性があります。

その一方で，「子どもはすぐ適応するから問題なし」「言葉がわかるようになったからもう大丈夫」と楽観視して，同化を一方的に助長し，知らないうちに子どものアイデンティティ形成に悪影

響を及ぼすこともあります。

　子ども一人ひとりが携えている文化背景を尊重して保育を展開することは，一筋縄ではいかないこと，そして，「こちらが正しくてあちらは間違い」というどちらかがよいとする見方や「みんな同じ」といった見方のような単眼的な思考ではなく，「どちらからも」「多角的に」という**複眼的思考**を身につけることが，落とし穴に陥らない一つの手段といえます。

> Think Globally, Act Locally からの多文化保育

　ここに環境との共生を考えた広告があります（図2-4）。地球を大切にすることは，一人ひとりの問題であり誰もが貢献できることを語りかけています。

　これは，多文化理解に示唆を与えてくれます。**子どもの権利条約**2条は差別の禁止を規定し，締約国に，子ども一人ひとりに対して，「人種，皮膚の色，性，言語，宗教，政治的意見その他の意見，国民的，種族的若しくは社会的出身，財産，心身障害，出生又は他の地位にかかわらず，いかなる差別もなしにこの条約に定める権利を尊重し，及び確保する」ことを求めています。いかなる種類の差別も保育においてなされないように，足元からの行動が，世界の子どもの権利を守り，**共生**の創造になりましょう。

　今，日本の幼児教育では，「環境を通して教育する」ことが重視されています。まず思いつくのは，保育室の装いです。アメリカの幼児教育施設を訪れて，まず目に飛び込んでくることは，子どもの持ち物などを置くロッカーに，自分の顔と家族の写真が並んでいることです。子どもの間に同じことと違うことが共存することを知る機会になります。また，遊具に関しても，身体機能の異

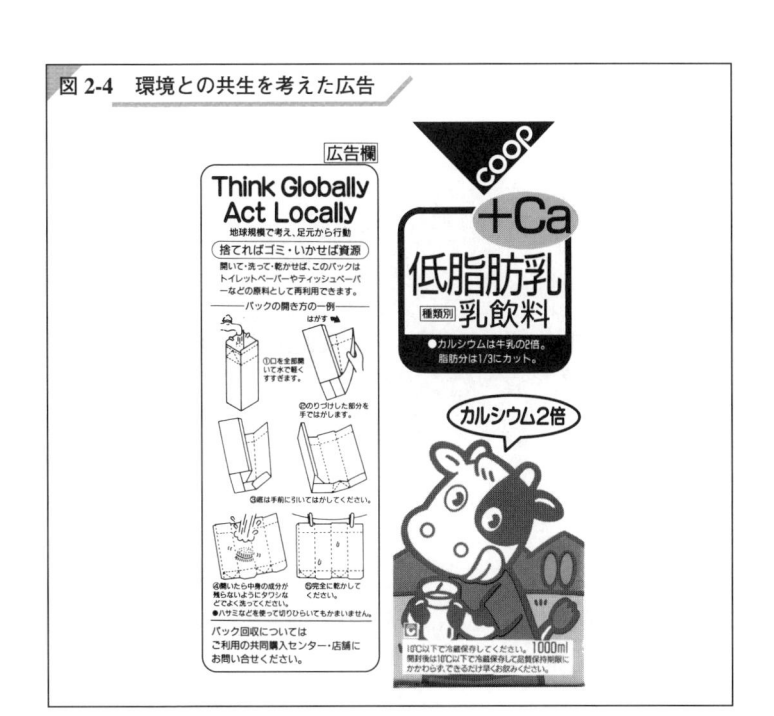

図 2-4　環境との共生を考えた広告

なる人形や，多様な人の様子が描かれているパズルが取り入れられています（図2-5，図2-6参照）。こうした点は，学びたいところです。

具体的な実践はどうしたらよいのでしょう。ついつい，「子どもに自分とは異なる人を受け入れ尊重することは，可能だろうか」と大人の視点で捉えがちになります。共生の視点に立つことは，保育者が子どもとともに保育を展開していると肝に銘じて，子どもの声を聴く者であり，気づきのある者でいたいものです。

筆者は，横浜のある幼稚園での一場面を思い出しました。5歳児男児が3人，空き箱で作った車を空き箱をつなげた高速道路に走らせていました。

図2-5　多様な人が描かれたパズル

（出所）Lakeshore［1999］p. 9.

　C「アメリカのどうろっておおきいんだよな。四つもくるまはしるところがあるんだよ。おとうさんがアメリカでみたっていってた」。

　D「すげぇー」。

　E「そうだよ，テレビでみたことあるよ」。

　D「へえーっ。じゃあ，もっとこれおおきくしようぜ」。

　そして，道路のレーンを増やしたのです。また，この様子を見聞きしていた保育者は，後日写真集をさりげなく置き，子どもたちが世界の道路を知る環境を創りました。直接的に相手の文化を知る体験ではなくても，自分とは違う生活様式があることを思いめぐらし，興味を広げることは，可能です。この保育者は，子どもの言動を始点とする学びの機会を逃さなかったのです。

　また，この園では，世界にはさまざまな生活をしている人がいることを知り繋がる体験として，CCWA (Christian Child Welfare

図 2-6 さまざまな人との共生を遊びのなかから

(出所) Lakeshore［1999］p. 22.

Association）を通じて，フィリピンに住む子どもの精神里親となり，生活の一部を支援しています。子どもたちは，クッキーを焼き，保護者に買ってもらい，その売上げを自分たちの足で郵便局に出かけ送金します。これも直接的な交流ではありませんが，5年以上も同じ女児を支援しているので，子どもは自分の友だちとして受けとめているのです。それは，卒園児がこの幼稚園をたまに訪れると，「Fちゃんどうしてる」と保育室を覗く姿からもうかがえます。こうしたことは，自分とは異なる文化の人との共生への足元からの行動といえるでしょう。

保育者は，多文化理解の視点から子どもの最善を考える際，保育所保育指針のなかにあるように「子どもの人権に十分配慮するとともに，文化の違いを認め，互いに尊重する心を育てるようにすること」に心を留め，「幼稚園教育要領」に掲げてある「幼児一人ひとりの特性に応じ，発達課題に即した指導」を日々自問しつ

つ，実践することが，共生への架け橋であることを胸にとめておきたいものです。

参考図書

① 柏木惠子　2001年　『子どもという価値——少子化時代の女性の心理』中央公論新社。

　少子化を心の問題として捉える人口心理学を提唱して，その視点から女性の心理を関連させつつ子どもの価値について考える。

② コルボーン，T. ほか　1997年　『奪われし未来』長尾力訳，翔泳社。

　環境ホルモンの存在を世界中に知らせることになった本です。ごく微量の合成化学物質が，人類を含めた生物全体の生殖機能を脅かしていることを実証的に述べています。地球上の一人ひとりの生活について考えさせる本であり，子どもの育ちにも関わっています。

③ カーソン，R.　1996年　『センス・オブ・ワンダー』上遠恵子訳，新潮社（佑学社から1991年刊行のものの再刊）。

　子どもとともに自然を探究し発見する世界に招き導いてくれる1冊。

④ カーソン，R.　1964年　『沈黙の春』青樹簗一訳，新潮社。

　「歴史を変えることができた数少ない本の一冊」と全世界で絶賛された。環境汚染と破壊の実態を描き出し，環境保護について考えさせてくれる。

⑤ 佐々木正美　1996年　『エリクソンとの散歩——生き方の道

標』子育て協会。

エリクソンのライフサイクル論を筆者の臨床を交えてわかりやすく語りつづっている。

⑥ 岡部恒治ほか編　1999 年　『分数ができない大学生』東洋経済新報社。

「学力低下」が教育・社会問題となったきっかけづくりとなった1冊。日本の将来が危ないと警鐘した。勤務校をはじめとした学力調査から現在の大学が抱える問題を明らかにし，改善策を提言した。

⑦ エルキンド，D.　1991 年　『ミスエデュケーション——子どもをむしばむ早期教育』幾島幸子訳，大日本図書。

アメリカにおける早期教育の状況と背景をわかりやすく分析し，子育てにおいて大切なことを具体的に提示している。日本の早期教育についても多くの示唆を与える。

⑧ 河合隼雄　1997 年　『子どもと悪——今ここに生きる子ども』岩波書店。

子どものなかに生きる悪について，絶対的なもの，相対的なもの，大人，社会との関係から解き，「いい子・わるい子」の二項対立的な視点を解体する。

⑨ 松川由紀子　2000 年　『ニュージーランドの保育と子育ての支え合い』渓水社。

ニュージーランドの幼児教育保育の歴史をはじめ，さまざまな保育のあり方について著者の 17 年間に及ぶ研究に基づいて読みやすく書かれている。誰もが保育に参与しているという実感をもち，子育てにおける支え合いについてのアイディアの豊富さに学

べる。

⑩ 森田ゆり　1995 年　『子どもの虐待——その権利が侵されるとき』岩波書店。

　児童虐待の基礎知識について解説するとともに，子どもが力をつけていくことをアメリカにおける実践等から提言している。

⑪ 全米乳幼児教育協会（S. ブレデキャンプ，C. コップル編）2000 年　『乳幼児の発達にふさわしい教育実践——21 世紀の乳幼児教育プログラムへの挑戦 誕生から小学校低学年にかけて』白川蓉子・小田豊監修，DAP 研究会訳，東洋館出版社。

　アメリカの乳幼児教育保育実践におけるガイドライン的な本著は，今後日本の幼児教育実践と保育者の質向上に示唆を与える。特に，発達のふさわしさを年齢と個人に限定することなく文化的ふさわしさに着目していることは高い評価に値する。

⑫ ダーマン - スパークス，L.　1994 年　『ななめから見ない保育——アメリカの人権カリキュラム』（人権と保育 2）玉置哲淳・大倉三代子編訳，解放出版社。

　人権を核にして，保育のあり方についてアメリカにおける理論と実践を幅広く網羅した 1 冊。日本の保育における差別，偏見について省察する機会となる。

第3章 幼児の学び・発達と環境

　　本章では、幼稚園や保育所における幼児の学びと発達の姿を捉えながら、子どもの活動を取り巻く環境について学習します。幼児の環境については、幼稚園や保育所の時間と空間のあり方を把握するとともに、生態学的な視点からも環境を捉えます。また、近年の学びの理論と「発達」の概念、および海外の幼児教育実践を紹介して、保育者として「遊びを通しての学び」をどのように理解していくかという問題についても考えます。これらの内容を通して、幼稚園や保育所において幼児期に必要な体験を考えていく手がかりをみつけましょう。

1 幼児にとっての環境

幼稚園，保育所という場所

　幼稚園や保育所という場所は，子どもにとってどのような特徴をもっているのでしょうか。はじめに，幼稚園や保育所という場を成り立たせている空間と時間について考えましょう。

　幼稚園や保育所を訪れると，彩り豊かな絵や布に満たされた空間，カーペットの敷かれた床，手づくりの道具入れや食卓と椅子のある保育室という風景が広がります。これは，幼稚園と保育所の空間が，**子どもの家庭のメタファー**（隠喩）でつくられていることを示しています。子どもが安心して活動し，くつろぐ生活の空間であることが，幼稚園や保育所の第1の特徴です。

　第2の特徴として，幼稚園と保育所は，保育者という専門家による子どものケアが行われる空間を用意しています。保育者は，子どもに対して好意的で配慮の行き届いたモノの配置を行い，相互に主体的に関わって援助や指導をしていきます。保育者の配慮や援助に基づいて，子どもは幼稚園や保育所でさまざまなモノや仲間に出会っていきます。幼稚園と保育所の第3の特徴は，子どもが身近なモノや人と出会い，関わり合いながら学び成長していく場となっていることにあります。

　次に，幼稚園と保育所の時間の流れについてみましょう。学校の教室の時間には，「**制度の時間（量的時間）**」と「**身体の時間（質的時間）**」があります（佐藤［1999］）。「制度の時間」は，ある時間量で区切られた活動が時計の針の進行に従って決められた順序で行わ

れていく流れで，教室のすべての子どもと教師にとって同じ性質の時間です。「身体の時間」は，子どもや教師がある活動に夢中になって没頭したり，思い悩んで考えが前に進まなかったりするときに，その人の身体の感覚で経験される一人ひとりに固有の時間です。

幼稚園と保育所にも，時計の針とともに前へ進む不可逆的な時間（「制度の時間」）が流れています。たとえば，朝の登園から子どもは保育者の指示によって自由遊び，おゆうぎ会の練習，昼食の準備・食事・片づけ，お話，帰りの仕度，降園などの１日の計画のなかで生活します。ここでの時間は，時計の時刻で活動の内容が区切られ，一つの活動が終わったら次の活動に移るという直線的で一方向的に進む流れになっています。

これに対して子どもは，自分の活動や経験のなかで立ち止まったり，滞ったり，後戻りしたり，いつの間にか進んだりする時間（「身体の時間」）を感じています。ある私立幼稚園を訪問したときのことです。一人で積木の秘密基地で遊ぶ４歳児のＧ君がいました。彼は，昨日はＨ君を基地に入れたのに，今日は折り紙の手裏剣のとり合いに負けて，泣いてすねて入れてあげることができません。Ｇ君は，泣きはらした真っ赤な目をして基地にこもったままです。それでも彼のまなざしは，手裏剣で忍者ごっこをするＨ君をずっと追っていました。担任の保育者から，翌日もＧ君は人目を避けるように基地で座り込んでいたことを聞きました。そのＧ君が床に長方形の板を並べて「ＧとＨ君の……」基地への入口をつくったのは，忍者が乗る紙飛行機の飛行場をＨ君が欲しがった２日後のことでした。この２日間基地に閉じこもるなかで，Ｇ君にとっては自分と仲間をつなぐ時間が行きつ戻りつし循環し

ながら流れ,基地で仲間と遊ぶ時間になっていったのです。

このように幼稚園と保育所の時間は,秩序だった均質の「制度の時間」で組織されつつ,それぞれの子どもに固有の「身体の時間」によって生きられているという二つの流れで理解できます。

幼児の環境としての空間の構成

幼稚園と保育所はいろいろなモノ,人,自然や社会の事象,それぞれの園の園舎や雰囲気などによって空間を構成し環境を成り立たせています。また,環境として園内の園庭や広場,保育室,遊具や絵本のコーナー,通路,テラスの配置といった空間の構造を考えることもできます。幼児の環境を考える場合,環境が子どもにどういう発見や考えをもたらしているか,子どもと仲間,保育者との関係をどう映し出しているか,子どもの身体のどういう動きや移動を生じさせているか,子どもの物語りやコミュニケーションをどう育んでいるかなどの点に着目することが大切です。

近年,世界の注目を集めている**イタリアのレッジョ・エミリア市**の幼児教育は,保育の方法の重要な要素として空間を捉えた実践を展開しています。たとえば幼児学校のアトリエは,子どもがモノや道具を用いて手と頭を使って探究し,素材,道具,技術の組み合わせを試す場として構成されています。ここは教室のプロジェクト(第5節を参照)に芸術的表現を通してたずさわりながら,仲間と創造的な活動を交流させる空間になっています。アトリエには教師と協同で幼児の芸術活動を支える芸術家(アトリエリスタ)が配属され,小石や木の実などの自然物,色彩豊かな紙や布,金属のボルトや釘などの多様な素材や絵筆,はさみ,のこぎり,

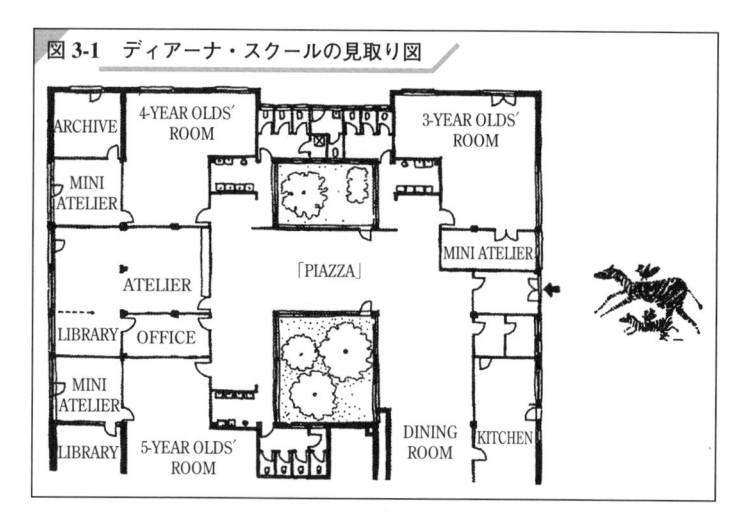

Column ① レッジョ・エミリアの空間の構成

図 3-1 ディアーナ・スクールの見取り図

　レッジョ・エミリアの幼児学校における空間の構成は，それぞれの空間の機能的な特徴により次のように考えることができます。

　レッジョ・エミリアのプロジェクト活動に注目した場合，幼児学校の内部の空間は，大きく分けて「広場（ピアッツァ）」「教室」「アトリエ」という三つの関係で把握されます。「広場」は学校という共同体の中心となるオープン・スペースで，子どもが多様な人々と出会う公共的な空間になっています。「広場」は「教室」「アトリエ」と連続してつながっており，それぞれの場所での子どもの社会的関係や物語りやグループ活動の相互作用が交わっていく場でもあります。「教室」は，子どもが仲間や教師とのミーティングを通してプロジェクトのアイディアを交換し，自分の活動の内容や方法を考えて計画する場になっています。「教室」では，子どもたちがお互いの作業について言葉や作品を用いて批評し合い，自分の作業をより深く省察して新しい考えや手法を生み出しています。「アトリエ」は，子どもが素材や道具や技術を用いて創造的

1　幼児にとっての環境

図 3-2　内部の3つの空間の関係

広場（ピアッツァ）／アトリエ／教室

図 3-3　内と外の空間の関係

コミュニティ／教室／アトリエ／広場（ピアッツァ）

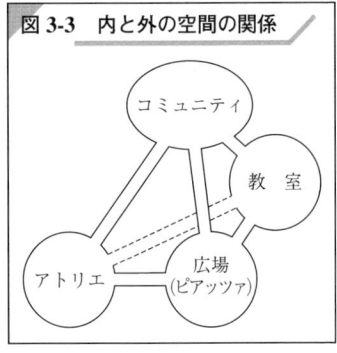

な表現活動を交流しテーマを探究する空間です。「アトリエ」では多様なメディアと子どもの表現とコミュニケーションの循環する回路が巡らされ，子どもの感情や洞察やモノ，人との関係を深めていきます。

　この「広場」「教室」「アトリエ」の三つの空間は，図3‐2のように相互に深く関わって子どもの学びを創造し発展させる環境をつくっています。

　さらに，この三つの内部の空間は外部の「コミュニティ（共同体と自然）」と密接につながっています（図3‐3）。幼児学校の空間は，たとえば天気や季節の移り変わりや，1日という時間から街のリズムまで，外で起きている変化とできごとを感じとれるようになっています（Ceppi and Zini [1998]）。幼児学校の玄関や各部屋の壁は，学校と子どもの活動の記録（ドキュメンテーション）や情報に満ちあふれ，そこを訪れる親や市民を迎え入れて教師との連携を生じさせる場になっています。「広場」「教室」「アトリエ」の広くて大きな窓やベランダやポーチの配置，室内の観葉植物や中庭は，内の空間と外の自然を浸透させ合う雰囲気を生み出しています。

金づちなどの道具がおかれています。レッジョ・エミリアの教師は幼児の感情的，認知的，社会的な学びの可能性を読みとりながら，素材の選択や空間の構造を捉え直し空間を魅力的につくる方法を探究しています。空間の特性を把握し環境を再構成することは，環境に託された教師の子どもに対する教育のメッセージを新しくすることでもあります。この意味で環境は教師の変化，考えの発展，保育の省察をも浮かび上がらせているのです。

子どもの環境に関わる四つのシステム

ブロンフェンブレンナー（1917-　）は，「人間発達の生態学」を研究するために人間を取り巻く環境を一つのシステムをもった生態系とみなし，環境を四つのシステムに整理しました（ブロンフェンブレンナー [1996]）。幼稚園や保育所にいる幼児を中心に**ブロンフェンブレンナーの四つのシステム**を捉えることによって，子どもの環境における文化や人間関係の重なりを考えましょう。

(1) マイクロシステム（microsystem）　家庭や園における子どもと仲間・保育者・家族との関係，保育内容や保育方法，家庭や園のあり方など幼児が直接経験する活動，状況，役割，人間関係などをさします。

(2) メゾシステム（mesosystem）　「メゾ」は「中間の」という意味で，マイクロシステム間の相互関係を考えます。保育者と親・地域・他園の保育者との関係，親の職場・PTA・近隣の交友関係，兄姉の通う学校・学級との関係などが挙げられます。

(3) エクソシステム（exosystem）　「エクソ」は「外部の」という意味で，幼児は直接関わらなくてもその発達に影響を及ぼす社

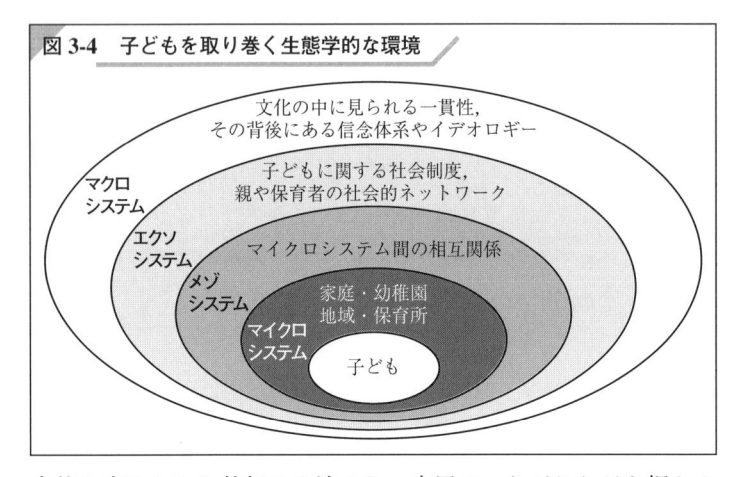

図 3-4　子どもを取り巻く生態学的な環境

- マクロシステム：文化の中に見られる一貫性，その背後にある信念体系やイデオロギー
- エクソシステム：子どもに関する社会制度，親や保育者の社会的ネットワーク
- メゾシステム：マイクロシステム間の相互関係
- マイクロシステム：家庭・幼稚園・地域・保育所
- 子ども

会的に定められた仕組みや決まり，市民のつながりなどを捉えます。子どもや保育に関する行政制度，子育て支援やエコロジーのネットワーク，保育者の養成・研修システムなどがあります。

（4）マクロシステム（macrosystem）　ある文化における信念の体系や，行動の一貫性を支える原理が (1) ～ (3) を通して幼児に影響を与える関係を考えます。子ども・教育・子育てに関する信念，心性，思想，イデオロギーなどが含まれます。

子どもを取り巻く生態学的な環境

歴史的に培われてきた信仰，風習，制度，学問，信念，思想，技術，関係，行為などを支える意味の体系を「**文化**」ということができます。四つのシステムの相互関係から，子どもが文化的な意味の重なり合う空間に生き，親や保育者や仲間と直接つながる関係やその外側に広がる人間関係の網の目のなかに生きていることがわかるでしょう。

2　学びと発達

行動主義の「発達」と「学習」

　19世紀は，ダーウィン（1809-82）の進化論の影響を受けたホール（1844-1924）によって児童の発達研究が始められ，20世紀は，ワトソン（1878-1958）の提唱からソーンダイク（1874-1949）の学習と測定の理論に発展した**行動主義**の学習理論でもって幕を開けました。それ以降，近代教育の一つの潮流を形成してきた行動主義的な発達と学習の考え方は，次のような三つの特徴にまとめられます。

　①　共通点は，発達も学習も環境の刺激による子どもの行動の変化で，その変化は観察できると考えられたこと。発達も学習も能力や知識が増えるという進歩的な変化であること。

　②　相違点は，発達が年齢を重ねることで自然に起こる能力の増大であり，学習が教えられることによって知識や能力が増える現象であること。

　③　効率よく学習させるには，発達を後追いするように教育すること。理由は，発達は学習に先立ち学習のための準備（レディネス）を整えるので，発達を無視して早期に教育しても学習が起こらない，または学習の能率が悪いということが生じるから。

　このような発達観と学習観は，学習とは切り離された発達の段階があり，発達の段階は学習の内容，人間関係，周囲の状況から独立して生物学的に決定づけられているという前提に基づいています。この前提とともに，学習を子ども個人の変容とみる個人主

義的な学習の考え方も子どもの教育を支配してきました。

ヴィゴツキーの「発達の最近接領域」と学び

旧ソビエトの心理学者ヴィゴツキー（1896-1934）は，発達と学びの関係を捉え直すために「**発達の最近接領域**」という概念を考案しました。それまでの心理学は，実験や知能検査の測定により明らかにされる発達の成熟した部分にのみ注目していました。これに対してヴィゴツキーは，発達の成熟した部分にもっとも近いところに今まさに成熟しつつある部分があることを指摘したのです。

ヴィゴツキーは『思考と言語』（1962年）のなかで，子どもが独力で解決できる問題のレベルと人の援助を得て協同で解決できる問題のレベルとの間を「発達の最近接領域」と名づけました。彼の理論は，子どもが言葉のコミュニケーションを通じて，仲間や教師と協同で活動して学ぶという学びの社会的な構成に注目しています。1980年代以降のアメリカでは，「発達の最近接領域」の理論に基づいて子どもと保育者の関係と子どもの仲間関係を見直し，コミュニケーションに基づく協同的な活動を中心とした保育が注目されるようになりました。

新しい学びの理論と発達

1980年代以降に学びの理論の大きな転換が起こり，行動主義の心理学による学習論を批判して構成主義や社会的構成主義による学習を唱える議論が盛んになりました。行動主義の心理学は，実験という自然科学の手法を用いてすべての子ども，すべての教師に当てはまる一般的で客観的な学習と授業の原理・法則

Column ② アメリカの乳幼児教育のガイドライン

　アメリカの全米乳幼児教育教会（NAEYC）は，1997年に乳幼児教育のガイドライン『乳幼児の発達にふさわしい教育実践（DAP）』を改訂しました。この前年に承認された「NAEYCの基本見解」では「発達にふさわしい実践の基礎となる子どもの発達と学びの原理」として次の12項目が示されました。

　①　子どもの発達の領域（身体，社会性，感情，認知の領域）は相互に密接に関連している。ある領域の発達は他の諸領域の発達に影響され，また影響を与える。

　②　発達はすでに獲得したもののうえに新たな能力，スキル，知識を構築しながら，相対的に順序を追って起こる。

　③　発達は，個々の子どもの能力の異なる領域間で不均衡であるばかりでなく，子どもそれぞれによって異なる速度で進行する。

　④　乳幼児期の経験は，一人ひとりの子どもの発達に累積的な効果も，遅らせる影響ももっている。あるタイプの発達と学びには，最適の時期が存在する。

　⑤　発達は予測できる方向で，しだいに複雑化，組織化，内面化へ向かって進行する。

　⑥　発達と学習は多様な社会・文化状況のなかで，それに影響を受けながら生起する。

　⑦　子どもは活動的な学び人であり，文化的に伝えられる知識とともに身体的，社会的な直接経験に頼りながら，自分の周囲の世界について自分自身の理解を構築していく学び人である。

　⑧　発達と学びは，生物学的成熟と環境の相互作用の結果から起こる。環境には，子どもがそこで生活している物理的世界と社会的世界の両方が含まれる。

　⑨　遊びは子どもの発達を映し出すものであると同時に，子どもの社会性，感性，知性の発達のための重要な媒介手段である。

　⑩　発達は，子どもが現在までに習得したレベルより少し進ん

> だことへの挑戦を経験するときのみならず，新しく獲得したスキルを子どもが実践する機会をもつときに促進される。
> ⑪　子どもは，異なる様式で知ったり，学んだりし，異なるやり方で知っていることを表現しようとする。
> ⑫　子どもは，安全で一人ひとりが大切にされ，身体的な欲求が満たされ，心理的に安心感をもてるコミュニティの環境で最良に発達し学んでいく。

を提供しようとしました。これに対し，**構成主義の学習論**は認知心理学，文化人類学，社会学，エスノメソドロジー，生態学的認識論などを基礎に学びの過程を捉えようとしています。構成主義の学習は，ある知識や技能の習得ではなく，子どもがモノや人と関わる活動を通して関係と意味を生じさせる学びを意味します。この学びの理論では，現実のクラスでまさに行われている活動における具体的な子どもの経験の個別性や身体性や複雑さや，その文化的で社会的な性格が把握されます。

構成主義の学びの理論には，大きく分けて四つの系譜があると指摘されています (佐藤 [1996])。その四つの系譜は，第1に心理学的な構成主義の系譜，第2に人工知能をモデルとする認知心理学的な構成主義の系譜，第3に文化・歴史心理学の構成主義の系譜，第4に文化人類学的な構成主義の系譜です。

ここでは，文化人類学的な構成主義の系譜にある「状況論的アプローチ」による学びと発達をとり上げましょう。「**状況論的アプローチ**」は，学びを「状況に埋め込まれた学習」「文化的実践としての学び」として考えています。この学びの理論では，学びが子どもの属する共同体 (仲間関係，クラス，幼稚園，保育所) で共有されている文化を獲得していく過程で生じるとされ，学びが個人主

義的にではなく共同体の実践のなかで理解されています。

　レイヴ（生没年不詳）とウェンガー（1952-　）の「正統的周辺参加」の理論は，文化的共同体への学習者の「参加」の仕方が変わる過程で学びを考えています。公立保育園の4歳児クラスの参与観察を通じて，「正統的周辺参加」理論を分析の枠組みとした研究があります（刑部［1998］）。この研究では，「気になる子」のKがクラスに受け入れられ，リーダー的な子として存在感を強めていく様子が検討されました。Kの変化は，彼個人がある能力や技能を獲得したからという理由では説明されません。Kと新しく入園した子どもとの結びつきが，他の子どもたちの間でも無視できないものとなりクラス全体の関係を変容させたこと，保育者がKの行為を見守る関係をつくり出したことが，他の子どものKに対する関わり方を変化させ，クラスの活動へのKの「参加」の仕方を変えていったと考えられています。幼児がアイデンティティをつくり発達し学ぶことは，その子の属する共同体の状況や文脈や社会関係の構造の変化と相互に関係し合っているのです。

3　環境と幼児の発達の姿

「発達」と「発達段階」

　日本語の「**発達**」という言葉は，目的のあるべき姿に向かう直線的で一方向に進むイメージをもっています。漢字「発」の意味は「弓をはじいて矢をとばすこと」で，「達」は「羊のお産のようにすらすらと通ること」を表しています。「発達」は，弓が目標に向かって途中でつかえずにいきつく運動を意味しています。「発達」は子どもの心身

の機能の質的な変化を示すだけではなく，身体の成長や能力の増大という右肩上がりの進歩や向上や発展を連想させてきました。

「**発達段階**」という発達心理学の概念は，この「発達」のイメージをもとに発達には段階的な系統があることを提示してきました。「発達段階」の概念は次の4点を前提にして考えられています。①発達の経過は区分でき，それぞれの区分には他の区分と異なる特徴がある，②区分した段階が一定の順序で起こる，③特定の段階には構造上のまとまりがある，④ある段階から次の段階へは，あるものが次に吸収，発展されるなど階層的にまとまりながら変化する。これらの前提をもとに「発達段階」は，子どもが大人になる過程で，あらゆる子どもに共通する発達の時期や内容や法則を示すと考えられてきました。また「発達段階」は，子どもの環境や子育ての関係や教育の内容から切り離されて，個人的に生理学的に決定づけられているとの極端な見方もありました。

これに対して，「発達」や「発達段階」を見直す実践や理論も生まれました。津守真は愛育養護学校で「障碍(しょうがい)」をもつ子どもの保育を通じて，大人が子どもに刺激を与えて次の段階に引き上げる「発達」から，子ども自身が紆余曲折して探し求め，ある状況でふと子どものなかから変化する「発達」へと「発達」の認識を転換する実践を行ってきました。エリクソンによる社会心理的な側面の発達の過程は，葛藤の増大と衰退を繰り返す**浮き沈みのある過程**として記されています。老年期を含む生涯発達の視点からは，身体的・精神的な能力や機能の衰退や下降を捉えた発達の過程が示されました。

「発達」は英語の名詞「development」の訳で，その動詞は「develop」です。「develop」の語源は，否定を表す「des」＋

「veloper」で「veloper」には「包む」という意味がありました。英語で手紙を包む封筒の「envelop」も「veloper」を語源としています。ここから「development」の本来の意味は,「包む」ことの否定から,「包みを解いて中身が出てくる」ことだといえます。ドイツ語で「発達」を表す「entwicklung」は「もつれた毛糸玉がほどける状態」をさし,動詞の「entfalten」は「折り畳んだものを広げる」ことを意味しています。「発達」は直線の運動よりも,包んだり折り畳んだりもつれたりしたものを開くと,なかから何かが現れてくるような動きの感覚をもった言葉なのです。

今日の発達心理学は「発達」を,ある面では進んでもある面では遅れている凹凸のあるもの,子どもによって発達の経路が異なるもの,個性としての個人差のあるものとみています。この「発達」を,家庭やクラスでの対人関係やモノや道具や社会の文脈との関わりのなかでいかに理解するかが,発達心理学と保育実践をつなぐ課題です。一般的な「発達段階」に子どもを当てはめて考えるだけではなく,現実の保育のなかで目の前の子ども自身が変わっていく過程を理解することが必要になっています。

環境と発達

人間の発達と学習における環境については,刺激―反応モデルと相互作用モデルの二つのモデルで考えることができます。かつての刺激―反応モデルでは,行動主義の心理学をもとに環境は子どもに刺激を与え,これに対する反応を通して子どもの学習を促進させる要素の集まりだと考えられてきました。

近年では,子どもの発達に関わる環境は相互作用モデルで捉えられています。**相互作用モデル**では,子どもは環境から受動的,機

テラスで橋をめぐらせてわたる（4歳児）

（写真提供　東京学芸大学附属幼稚園小金井園舎）

械的に働きかけられるだけでなく，環境に主体的に関わり対象の意味をつくり出す存在として理解されています。この場合の環境は，子どもが何かを発見して課題を見出す可能性を含んでいて，彼らが身体や道具の活用や仲間との協同を通じて課題の解決に挑戦する場として理解されます。前節でふれた構成主義の学習論は，この子どもと環境の相互作用モデルに基づいています。

　相互作用モデルで環境を考えると，子どもが課題を解決するために思考と行為を繰り広げながら，仲間や保育者と環境をつくり変えていることがみえてきます。ある公立幼稚園の保育室に，いつもは登ってすべるだけに使われている室内用の木製すべり台があります。このすべり台が，その日は4歳児のIちゃんとJちゃんの二人による子猫のお家に変身しました。そこにネズミになっ

たL君が「おうちにいれて，チュウー」とやってきました。けれども，「ネズミはこことここ（すべり台のはしごと斜面）からじゃなくてピョーンて跳んでくるの！」とIちゃんから難題が突きつけられます。必死に跳んでもすべり台の上に上がれないL君は，保育者を連れてきて解決の糸口をみつけようとしました。その直後に，彼は急いで大きな積木を両手で抱えていくつも持ってきました。L君の発見した解決策は，すべり台の横に積木を積み重ねて新しい階段（ジャンプ台）を作ることでした。それは，子猫のお家を大胆に増改築するという認知的な方略の転換を伴っていたのです。

このように，子どもは困難や葛藤を解決しようと見慣れたモノや道具，技術，思考を結びつけて，対象の新しい機能や意味を生み出そうとします。この過程において環境は，モノや人の配置，空間の構造，時間の組織などについて，子どもや保育者によって自由に柔軟につくり直されていくものになっているのです。

幼稚園や保育所での子どもの発達の姿

幼稚園や保育所に入園した子どもは，どのような発達の道のりを歩むのでしょうか。幼児は，身体が著しく発育して運動機能が急に発達したり，自分でやりたい意識を強くもつ一方で，大人にまだ依存したい気もちも強かったり，周囲の人の言葉や態度を模倣したり，具体的な経験をもとに想像を巡らせてものごとを受けとめたりします。子どもがモノや人や事象とどのような関係をとり結んでいくのか，そのさまざまな姿を発達の側面としてみてみましょう。子どもの個性や特徴，家庭や園や地域の実情，入園時期，在園期間などの違いからどの子にも同じ発達の姿がみ

られるとは限りません。この例は一つの参考と考えてください。

(1) 自分の遊びや保育者との関わりを通じて園生活に親しむ姿
　　新しい生活や見慣れないことがらへの緊張と不安から保育者と一緒にいようとします。家庭で親しんだ玩具や遊具で遊んだり、固定遊具やボールを使う体を動かす遊びを好みます。他の幼児とのつながりはあまりなく、自分が安定できることで遊ぼうとします。

(2) モノや人への関心が広がり、生活の仕方や決まりがわかって遊びを広げる姿　　新しい素材や遊びに興味をもって取り組み、他の幼児への関心も強くあって遊びのなかでの会話も多くあります。保育者の言葉かけや動作にも敏感で、園生活の仕方もわかりつつ身の回りのことは自分でしようとします。

(3) 仲間とイメージを伝え合い一緒に生活する楽しさを知る姿
　　いつも一緒の友達ができルールのある遊びにも参加しますが、それぞれの自己主張も強く現れます。知的好奇心が高まって、身近な事象にも興味をもって関わります。保育者の援助があれば仲間と生活の場を整理しようとします。

(4) 仲間関係を深めながら自分の力を発揮する姿　　友達と相談して自分たちで遊びを展開したり、グループ同士のゲームを好んだりします。遊びを工夫したり試したりして内容を豊かにし、想像を巡らしてさまざまな表現活動を楽しみます。当番活動などでクラスでの自分の役割を果たそうとします。

(5) 仲間同士で目的をもって園生活を深める姿　　見通しをもって活動を展開し、目的に向かって仲間と協力して活動していきます。身近なできごとにも関心をもって、それを遊びに取り入れたり、道具や遊具を活動に沿って組み合わせて使おうとします。

必要に応じて保育者の指示に従う集団行動をとっていきます。

4 遊びを通しての学び

近代における「子ども」と「遊び」の発見

近代という時代は、「子ども期」を発見して子どもと大人の間に明確な境界線を引いてきました。フランスの歴史社会学者アリエス (1914-84) は『〈子供〉の誕生』(1960年) で、ヨーロッパ中世では子どもは「小さな大人」ですぐに大人社会に入ったが、17世紀以降は学校と家族に長く隔離されて教育される存在になったと指摘しています。子どもを純粋で無邪気 (イノセント) な存在として愛情を注がなければならないとする考え方も近代の産物です。

近代は、「子ども」を発見すると同時に子どもの「遊び」も発見したといえます。次ページの絵は16世紀のフランドル地方の画家ブリューゲルによる『子どもの遊び』と題された油彩画です。この絵には大人は2人しか登場しないそうです。子どもは総勢246人で遊びの種類は馬飛び、竹馬、人形ごっこなど90種類近くあります。子どもの遊びをこれほど詳しく表現した描写は、子どもと遊びを強く結びつける新しい時代の幕開けを予感させています (本田 [1997])。

この時代の人々は、「子ども」は働くよりも「遊ぶ」者であると考えるようになりました。暮らしのなかの労働は、重要な意味をもつ営みとして大人の生活の中心におかれました。大人は基本的に労働する存在であり、彼らの遊びは余暇を過ごす一時的な気晴

ブリューゲル『子どもの遊び』

(ウィーン美術史美術館蔵)

らしとされます。労働や仕事から切り離された「遊び」は，大人とは異なる「子ども」の中心的な活動とみなされていきました。

教育的な「遊び」の登場

近代に生まれた「子ども」と「遊び」のつながりは，「子ども」の「遊び」の意味や価値を問う教育的なまなざしのもとにおかれました。しだいに，教育されるべき「子ども」に対する「遊び」の教育的な効果が議論されていきます。玩具は本来「もてあそぶもの」で，遊ぶ者を誘いかけその思いのままに扱われるものです。その遊び道具である玩具や読み物も，遊びの内容や方法も，遊びの時間や場所も，子どもの教育に意味や価値のあるかどうかの基準で選択されるようになりました。

公的機関での幼児教育や児童研究のはじまりは，「遊び」の教育

的意味をいっそう広げ,「遊び」によって幼児の学習や発達を成し遂げるという考えを普及させました。1840年にドイツで幼稚園を創設したフレーベル（1782-1852）は「恩物」という教育遊具を発明し,「恩物」で遊ぶ感覚的で知的な活動を通して幼児に神の存在を教えようとしました。1880年代のアメリカでホールがはじめた児童研究は，20世紀初頭の幼児教育改革運動のなかで，遊びを中心とする教育の方法や内容に科学的根拠を与える役割を担っていきます。

今日では「遊び」に教育的意義を求めることは疑いようのないものです。その教育的意義は，大人の考える教育の目的に照らし合わされた「遊び」の手段的な機能や価値や重要さに限られている場合もあります。一方で，現実の子どもたちは，大人の考えや意見とは別に，自分たちなりにモノや道具に触れたり，それらに魅了されたり，イメージを膨らませたり，自由なたわむれに熱中したりしているのではないでしょうか。そこで，もう一度「遊び」の本来の意味に立ち返り，遊びと学びを考える手がかりをみつけていきましょう。

遊びと学び

遊び論の古典『ホモ・ルーデンス』（1974年）を著したホイジンガ（1872-1945）は，文化のなかでの遊びに探究の目を向けて遊びを捉え直そうとしました。ホイジンガは心理学や生物学の遊びに対する関心の一面性を批判して，余った生命力の発散や模倣や自己統制の訓練などの目的に役立つという遊びの考え方をしていません。ホイジンガが遊びに見出したのは，人間の社会に固有で優れた活動には，すべてはじめから遊びが織り込まれていることでした。彼によれ

ば，文化はその最初の段階において遊びの性格をもち，儀礼，法律，詩文，芸術，技術，知識，学問もみな遊びのなかで遊びとして発展したとされるのです。

ホイジンガが文化を成り立たせる営みとして遊びに注目しているのは興味深いことです。ホイジンガは，哲学者ニーチェ（1844-1900）の思想の影響を受けて遊びについて考えていました。ニーチェが「神の死」を告げた時代には，近代の社会を支えてきた伝統的な秩序が崩れはじめ，真理や道徳的価値の客観的な根拠を認めないニヒリズム（虚無主義）の思想が広がりました。ホイジンガにとって，外部の目的にとらわれない自発的で創造的な遊びこそ，人が生きることに関わる根本的な営みでした。当時のニヒリズムを乗り越える手がかりとして，すなわち新たにものごとの意味を生じさせ世界の関係を編み直すものとして，遊びは遊びそのものの意義を見出されたのです。

次に，学びの概念について考えてみましょう。佐藤学は構成主義の学習論を検討し，言語活動に注目して学びを「**意味と関わりの構成**」と再定義しました（佐藤 [1995]）。教室における学びの実践は，対象世界（教育内容）の意味と関わりを構成する**認知的実践**（世界づくり）と，その認知的過程を通して人との関係をつくる**社会的実践**（仲間づくり）と，その過程を通して自己を構成しその存在価値を探る**倫理的実践**（自分探し）の三つの統一的な複合として理解されています。子どもが何かを学んでいるとき，その経験においては学ぶ内容の意味が構成されるだけでなく，教師や仲間との関係が編み直され，その子ども自身のアイデンティティが探られたり表現されたりしているのです。

このような世界と他者と自己に関わる学びの実践は，子どもの

遊びのなかに可能性として準備されているといえるのではないでしょうか。意味を生み出す営みとして遊びを捉えると、たとえば、子どもの**ファンタジー**（想像による物語）は単なる空想ではないことがわかります。ファンタジーは、子どもが現実の問題を解決するために複数の文脈を横断し、発見をつなぎ合わせて対象の意味の世界を新たに生み出す営みと考えられます（Paley [1981]）。ファンタジーでは人間と動物、子どもと大人、自然と人工、自分と世界という世界を区切る自明のカテゴリーは無効になります。子どもはファンタジーを物語ることを通じて、いくつもの事柄を結びつけながら科学的に対象を探求したり文学的に解釈したり、仲間や保育者と関係を築いたりしていきます。

　また、遊びは子どもの**コミュニケーション**を繰り返し構成し、その移りゆくなかで子ども自身の変容をもたらしています。ごっこ遊びを例にして考えてみましょう。子どもが仲間とごっこ遊びをしているとき、その場面では遊びを成立させ展開させる共通の理解や文脈が生み出されています。おしろい花の色水で街のジュース屋ごっこをしているときに、ある子が「ジュースじゃないから自分は飲めない！」と拒否したら、そのジュース屋ごっこの枠組みは大きく揺らぐことになります。ジュース屋を続けようとするなら、子どもたちは仲間と解決の方法をみつけ、これまでの遊びの枠組みを変えて（たとえば森のジュース屋にして動物が飲むことにするなど）、以前には想像できなかった新しいジュース屋の世界を創り出すでしょう。相手とのやりとりや対象を解釈する方法にずれや不都合が生じたとき、遊びは、ゆらぎ不安定になった子ども自身の感情や意識や考えをまとめ直し、彼らの新しい活動の世界をつくり直していきます。子どもたちは、無数のコミュニケーシ

ョンの絡み合う遊びのなかで，自分のあり方をかたちづくってはくずし，また新たにかたちづくる絶え間ない**自分づくりの過程**も経験しています。

「遊びを通しての学び」を考えることは，遊びを学習や教育に従属させて教育の目的を達成する手段としてみなすことではありません。「遊びを通しての学び」は，子どもの具体的な遊びがいかなる学びの認知的実践，社会的実践，倫理的実践につながる可能性をもっているかを洞察し，探究する保育者の思考の様式を表しているといえるでしょう。

5 幼児期に必要な体験

幼稚園や保育所は，すべての子どもと保育者が，自分が受け入れられて尊重されていると感じ，他の人びととつながって学び合う場所になるものです。この幼稚園や保育所で，保育者はどのような幼児の体験を支え，彼らの発達と学びに関わっていけばいいのでしょうか。以下では，子どもの身体，表現，社会性，感情，認知などの領域にまたがる五つの体験を挙げておきましょう。

一つ目は，子どもが自分の身体に出会う体験です。砂場の砂の冷たさや粘土のねっとりした手触りを感じたり，友達と肌を触れ合ったり，どこまで飛べるかジャンプしたり，花の匂いをかいだり鳥の声を聞くことなど，子どもの活動のすべてが身体に媒介されているといえます。みずからの身体を感じることは，今ここで行われている遊びや学びの生き生きした**現実性**（アクチュアリティ）に触れる経験でもあるのです。

二つ目は，子どもが**表現者**となる体験です。表現することはみずからの身体を動かすことでもあります。絵画，音楽，造形，ダンスなど子どもが自発的に取り組む創造的な活動は，これまでのさまざまな経験を自分なりに再構成する営みです。また，表現することは，対象に対する新たなテーマや考えや感情を見出す活動でもあります。

　三つ目は，子どもの**物語る者**としての体験です。子どもの物語るファンタジーは，現実の世界のずれや不都合やあいまいさを子どもなりに想像的に解釈し，現実の本当らしさや解決の方法を探究するものです。子どもは想像的な物語に自分を登場させることを通じて，アイデンティティを探り，仲間と共感しながらつながっていきます。

　四つ目は，子どもの仲間や保育者と語り合う体験です。言語的に自分の考えや気もちを表すことによって，子どもは考えや経験を仲間と共有したり，さまざまなかたちで相手と関係をつくっていきます。**言語によるコミュニケーション**は，子どもにとってことがらを論理的に推論し抽象的な概念を生み出して問題を解決する方法でもあります。

　五つ目は，子どもの**ケアされケアする体験**です。子どもは保育者から配慮のゆき届いたケアを受けることによって，自分が他者に受け入れられ尊重される存在であることを知っていきます。子どもはケアを十分に受けながら，親や保育者や仲間をケアしていく応答性のなかで生きています。動物や植物をケアし，仲間をケアしていく体験は，子どもが自分の存在の価値に気づきみずからをケアしていくことも含んでいます。

　今後の幼児教育の課題として，子どものさまざまな体験を意味

のある学びの経験としていかに組織していくかという問題があります。これを考える一つの手がかりとして，最後にプロジェクトに基づく教育の方法について触れておきましょう。レッジョ・エミリアの幼児教育は，**プロジェクト**を取り入れた実践を考えるうえで多くの示唆を与えてくれます。レッジョ・エミリアでの子どもたちの活動は，4, 5人程度の小グループによる長期のプロジェクト活動の単元を中心に展開されています。プロジェクトの単元の内容は「ライオンの肖像」「群集」「影」「ファックス」「小鳥の遊園地」など自然，文化，科学技術，社会，ファンタジーのさまざまな領域にわたります。プロジェクト活動では，単元をめぐる子どもの言葉による探究と創造的な表現を軸に，子どもの感情，社会性，認知の側面から学びが構造化されて把握されています。同時にプロジェクトのグループと教室全体の子どもとの相互作用や，教師，親，アトリエリスタ，ペダゴジスタ（教育コーディネーター）などプロジェクトに関わる大人の協同的な関係のあり方も議論されています。レッジョ・エミリアの幼児教育では，子どもの経験を構成する活動や関係や仕組みが繰り返し省察され，新しくつくり直されています。この営みが，子どもと保育者の創造的で協同的な学びの実践を支えています。

参考図書

① 津守真　1997年　『保育者の地平──私的体験から普遍に向けて』ミネルヴァ書房。

　一人ひとりの子どもの姿からその発達と保育のあり方を探究した保育者の省察の過程と実践の記録が描かれています。

② レッジョ・エミリア市乳児保育所と幼児学校　2001 年　『子どもたちの 100 の言葉──イタリア/レッジョ・エミリア市の幼児教育実践記録』田辺敬子・辻昌宏・木下龍太郎訳，学習研究社。

　レッジョ・エミリアの幼児教育の歴史，文化，環境，プロジェクトなどについて豊富な写真と記録をもとに学ぶことができます。

③ ペィリー，V.　1994 年　『ウォーリーの物語──幼稚園の会話』（ペィリーの本　幼児教育記録集　1）佐藤学監修，卜部千恵子訳，世織書房。

　シカゴ大学実験学校の幼稚園で，子どものファンタジーの創作と表現を通じて幼児の学びと成長を省察した教師の実践記録が描かれています。

第4章 幼児教育の方法

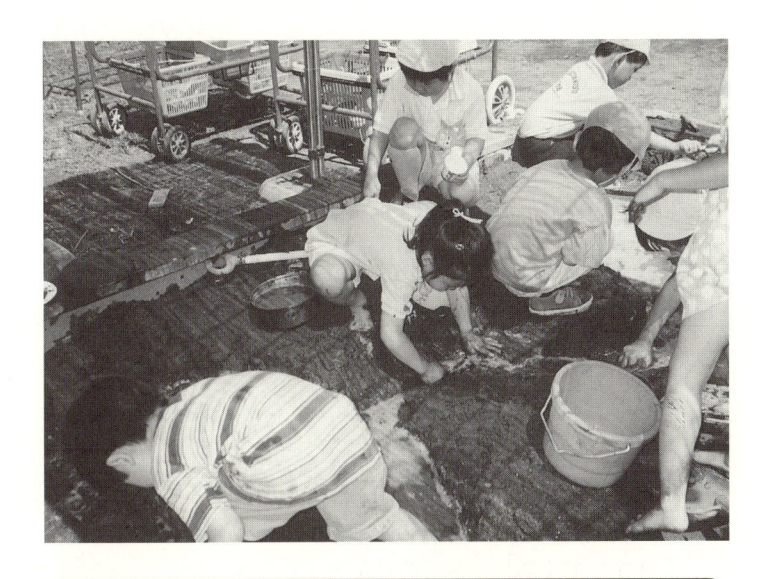

　　幼児一人ひとりを深く理解するには「どうしたら」いいのだろう，集団を「どう」とりまとめればいいのだろう，「どんな」教材を「どのように」与えたら……など，教育の方法への問いは，教師（保育者）であればいつでも次々と湧き起こってくるものです。本で調べてみてもぴったりあてはまらない，仲間に相談しながらやり方を模索してみても考えている通りに体が動かないということもあるでしょう。「こうしたらきっとうまくいく」という万能薬はあるのでしょうか。深い経験をもつ教育者（保育者）であっても，「よりよい」方法への問いは続けられています。いったい方法とはどこに見つけられるものなのでしょうか。

1 「方法」とマニュアル

あるエピソードから　筆者が大学生だったときのエピソードからお話ししましょう。幼児教育を専攻していた筆者は，当時すでに幼稚園での実習は何度か経験していました。希望者は養護学校でも実習ができると聞いたので，「健常児ではなくて障害児の保育も経験したい。障害児と健常児はどう違うのだろう」と思い，養護学校の幼稚部で実習をさせていただくことにしました。

　当日は，現場の先生から，詳細なオリエンテーションが当然あるものだと思い込んでいたのですが，いきなり子どものいる保育室に案内されました。「このまま障害児に会ってしまったら私は何もできないのではないか。障害児にどのように接したらいいのか何も知らないのに」と不安になり，近くにいらした先生に質問してみました。すると「特に注意することもないのだけど，しいていえばなるべく禁止することは避けてくださいね」と，それだけだったのです。それでは普通の保育と同じじゃないか，と不思議に感じたのを覚えています。障害児教育というものをろくに勉強したことのなかった筆者は，障害児の保育には何か特別な技術や注意が必要不可欠で，障害のない子どもとはまったく別の保育があると思っていたのでした。

> 方法を学ぶより，まず体験する

M君という子どもと1日関わってみて強く印象に残ったことは，彼がはたして「障害児」だったのだろうか，ということでした。筆者はM君に対して何か特別なことをしただろうか。M君の行動に「異常」なところがあっただろうか。幼稚園でたびたび子どもと遊んでいた私にとって，M君と遊ぶ方法は，健常児と遊ぶ仕方の延長上にありました。たしかに，言葉のコミュニケーションにはあまり頼れないこと，それだけに言葉以外の表現を注意深く受け止める必要があること，そして待つことの多いゆっくりとした時間の流れ，などは違うといえば違うかもしれません。しかし，それは障害児保育だけの特質とはいえません。

もし，この日「障害児は健常児とこの点が違うから，こうつき合いましょう」というようなことを前もって言葉で指示されていたら，筆者の体は自然に動かず，ぎこちないものになっていたでしょう。その結果，保育者として，あるいは人間として，子どもと接する際の基本的な姿勢を見失い，「障害児というのは，やっぱり関係をとるのが難しいものだ」と考えてしまったかもしれません。障害児保育の方法について理論的に学ぼうとするならば，まず障害児と遊ぶ実体験をもつことが重要で，理屈でなく，身体的な次元で感じたいろいろ問題意識をもとにして理論に当たっていくのが，よい「方法」だと思います。

> 「方法」と「マニュアル」

筆者はこの日の経験をきっかけに，保育や子ども理解のなかで，「障害児か健常児か」という区別がどこまで必要なのかということを考えるようになりました。そこに「子ども」として

1 「方法」とマニュアル

共通しているものを感じましたし，分けることでみえなくなることも多いということを直感したからです。

　もう一つ，強く感じたのは，保育にマニュアル的な方法はないのかもしれないということでした。マニュアルというと，たとえば電気製品などの使用説明書，あるいは，コンビニやファーストフード店で働くときに必要な作業手順を示したものとして，おなじみの言葉になっています。初めての障害児との出会いで不安になっていた筆者が求めていた「障害児保育の方法」は，マニュアルのような，手軽で確実な，手引きとしての方法だったようです。「どうしたらうまくできるか」「どうしたら失敗しないか」という手引きが欲しかったのです。

　保育の現場で，教師や保育者が何をし，子どもの行動に対してどう対処するかは，マニュアルどおりに，いわゆるHow to式に決められるものではありません。そのようにできたらどんなに楽だろう……などと感じる瞬間も教師（保育者）ならあると思いますが，またそうでないところに教育のやりがい，教師（保育者）の苦労や喜びというものもあるのではないでしょうか。まず，一人ひとりの子どもの違いがあります。おちつきがなく席にじっと座っていられない子を，一くくりにすることはできません。また，教師（保育者）にも一人ひとりの個性があり，他の先生のやり方をそのまま真似しようとしてもできるものではありません。そして，それぞれの子どもと教師（保育者）のとり結ぶ関係のありようや，瞬間瞬間の状況のあり方というものも，一般化することはできない性質のものです。

　「方法」というと，単純に「やり方」「仕方」「手順」といったものを考えがちですが，教育の方法という場合，その意味での方法

はまず考えられません。

2 与えられる「方法」と,探りあてる「方法」

「方法」は使うものでなく,問うもの

誰が操作しても同じ結果が出る,誰がどんな子どもに指導しても一定の効果が上がるような教育方法は,求めても得られるものでないということが,最近の教育研究で,徐々に常識になってきています。むしろ,それぞれの教育者がそれぞれの現場でいかに優れた実践を行うことができるか……という,具体的な状況に着目し,教育の現場から教師(保育者)と研究者がともに,よい実践とは何かを解き明かすような研究が求められるようになってきています。

有名な実践保育者が公開保育を行い,それを現場の教師(保育者)や保育研究者が観察し,実践の奥義のようなものを探ろうとする研究授業があります。しかし,いくらすばらしい授業を目の当たりにしても,それをそのまま模倣することはできません。筆者が実習していた養護学校でも,いつも朗らかで,子どもといつも笑い転げながら遊んでいた先生がいらして,筆者はいつもあこがれて見ていました。でもそれを,同じようにやってみせることはできませんでした。わざと朗らかにしてみても子どもには伝わらず,その先生のようなタイミングで子どもたちの輪に加わってみようとすると,動きがぎこちなくなってしまうのです。

教育の方法を模索しているときに,ある理論を学び具体的な事例に当てはめるという,「理論→実践型」ではうまくいきません。

また，人のやり方をそのまま模倣するという「実践→実践」型だけでも行き詰まりを感じるものです。教師（保育者）が教育の方法を探るプロセスは，まず最初に，子どもとのいろいろな実際のやりとり，うまくいかない自分自身の体験があって，そこに理論や他の人の実践例を重ね，どうしたら理想に近い教育を実現できるだろうかとの自問や反省を行い，また試行錯誤していくという「実践→省察→実践」型が，有効です。

　そこには，大理論となった一般的方法を学んで，自分自身の実践経験と照らし合わせ，共鳴するものを自分のものとしてとり込むという思考作業も含まれています。また，他の教師（保育者）の実践を目の当たりにしたり，同僚の教師（保育者）たちと意見交流したりするなかで，自分の実践経験を振り返り，問い直しを行うきっかけをつかむこともあるでしょう。教育の方法を問うのは，教師（保育者）がよりよい教育の実現をめざすうえで自然に引き起こされてくる姿勢です。今，「方法を問う」といいましたが，方法とは使うものではなく，問い続けるもの，しかも，実際の教育実践を重ねながら問い続けていくものと考えるとよいのです。

「方法」を対話のなかで問う

　N君は幼稚園の年長クラスの子どもです。担任のA先生にとって気になるのは，お絵かきや製作，ワークなど，一斉的な活動になると，なかなかN君の興味を引き出せず，やる気のない様子でぼーっとしていることです。A先生は「上手だね」とか「よく書けたね」などとほめたり，N君だけ別のことをやらせようか，とも思います。でも，他の子の手前，N君だけ特別扱いにするのもよくないかと思うし，また他の先生から指導不足とい

われないかということも気になります。保護者参観のときには保育室に絵や作品を展示するので，親になんといわれるかも心配でいます。

　思い切って，職員室で，同僚の先生たちに相談してみました。すると「うちのクラスのOちゃんもそういうところあるわ」と共感してくれる先生がいて少し安心します。「そういうときは，無理矢理やらせなくても，お部屋のなかなら何をしてもいいといったらいいんじゃない」と，自分の経験から，具体的な対処法を教えようとしてくれる先輩先生もいます。ある先生は「どうして，N君は折り紙とかお絵かきになると，いつもの元気がなくなるのかな」と原因を考えてみることを提案してくれ，A先生は，そういえばN君の気もちについてあまり考えていなかったな，とはっとします。また去年までN君の担任をしていた先生は「N君はたしかに皆と同じことをするのは苦手だったみたい。でも遠足とか運動会の絵なんか描かせると，すごくダイナミックで元気によく描けてたわよ」と，A先生の知らない，以前のN君の姿を教えてくれ，新鮮な驚きをもってN君をもういっぺん見直してみようという気もちになりました。

　この日相談したことは，A先生にとって，N君への「困った子」という見方が，もっと前向きな気もちに変わった点でとても貴重でした。しかし一番変わったのは，自分の悩みや未熟さを同僚や先輩の前でオープンにし，それについて暖かい言葉をかけてもらえたことによって，幼稚園でのA先生のふるまい方が前より自由になり，肩の力を抜いて子どもたちの保育に当たれるようになったことでした。

> 著名な教育学者の「方法」

　明治初期，初めて日本に幼稚園がつくられたころ，幼児教育の方法はまさに手探り状態でした。そのとき大きな影響を与えたのが**「恩物」遊具**でした。「恩物」という積木に似た遊具は，ドイツのフレーベル（1782-1852）によって開発され，彼の幼児教育への理想や考えが盛り込まれています。しかし，アメリカを経由して日本に伝えられた「恩物」という方法は，その原理から離れて，使用細目の決められた，かたちだけのものになっていました。

　大正期，フレーベルの思想そのものを研究，理解し，新しいアメリカの進歩主義教育の考えにもふれた倉橋惣三（1882-1955）は，フレーベルの「恩物」の背景にある原理は尊重しながらも，当時の日本で行われていた「恩物」法のまちがいを率直に認めることになります。そして，それまで第一恩物，第二恩物……と種類別に箱にしまわれていた恩物を，一つの籠へ一緒くたにして入れてしまう，という有名なエピソードが生まれるのです。

　その後倉橋は，子どもの自発性を尊重する保育の方法として**「誘導保育論」**などを提唱しますが，現場で，誘導保育法の実現にいろいろな工夫をほどこし苦心したのは，倉橋の協力者であった幼稚園の教師たちでした。このように，外側の枠組みから「理論」として提唱される方法と，それをいかに現実の子どもと教師（保育者）の間で実際の営みとしてつくりあげていくかという「実践」の側の方法とが，車の両輪となってバランスをとって進められていかないと，方法の正しさは追求されることができません。教育方法とはいつもそのように問い続けられてきたものなのです。

　フレーベルの教育方法は，彼自身の教師としての深い経験と，

長年の研究によって培われた理論的確信のもとに考案されました。ですから，「恩物」も，本来の彼の理論や思想の理解を基盤に採用されなければならなかったのですが，日本での受入れはそこが逆になり，「恩物」の形骸化という結果を招いてしまいました。このように大きな理論となった「方法」はそのかたちだけ先行してしまう傾向があります。有名な教育学者の名前を冠した方法を看板に掲げた幼稚園がありますが，同様の「形骸化」という落とし穴に陥らないために，各教師の，今をみつめるまなざしのなかで，いつも新鮮な方法として繰り広げることができるようにしていなければならないでしょう。

その落とし穴に注意するならば，そこには自然に一人ひとりの教師からの，実践のなかからの「方法」への問いが発せられるはずです。与えられたものとしての方法でなく，教師が自分の五感で探り当てる方法です。もとはといえば，フレーベルの理論も，一人の教師が真摯に方法を模索した結果のものでした。彼もまた当時，教育方法として一般的に流布していた理論に対して，自分の側から，個人的な方法を手探りしていたに違いありません。

3 幼児教育の「方法」

● 幼稚園を中心に

幼稚園教育要領にみる方法

戦後，幼稚園は「学校」の一つとしてみなされるようになりました。**学校教育法**の「幼稚園の目的」(77条)には，「幼稚園は，幼児を保育し，適当な環境を与えて，その心身の発達を助長すること」とあり，「目標」(78条)では，「健康」「人間関係」「環

境」「言葉」「表現」の5領域に沿って、それぞれの目標が述べられています。

これをもとに文部科学省が、幼児教育の内容の指針となるものを作成しています。それが「**幼稚園教育要領**」ですが、保育所における（3～6歳の）教育方法も幼稚園に準ずるという関係になっていますので、2000年に改訂された「幼稚園教育要領」をもとに、日本の幼児教育の一般的基準についてみてみることにしましょう。そこでの記述の構成は次のようなものです。

第1章「総則」……幼稚園教育の「基本」「目標」「教育課程の編成」

第2章「ねらい及び内容」……「健康」「人間関係」「環境」「言葉」「表現」の5領域ごとに、ねらい、内容、内容の取り扱いについて書かれている

第3章「指導計画作成上の留意事項」……

教育のあり方は、その目的・目標、内容、方法などの側面から整理して考えることが多いのですが、この教育要領のなかで、この三つが相互に絡み合っているのがわかります。「方法」という言葉こそみられませんが、「基本」の文頭で「幼児期の特性を踏まえ、環境を通して行う」と、まず方法の基盤となる考え方が示されています。

① 幼児の主体的な活動を促し、幼児期にふさわしい生活が展開されるようにする。

② 幼児の自発的な活動としての遊びを通しての指導を（5領域にわたって）総合的に行う。

③ 幼児一人ひとりの特性に応じて、発達の課題に即した指導を行う。

④ 環境構成と教師のさまざまな役割。

　以上の4点が教育要領の要点ですが、そこには大きな枠組みが示されているだけで、具体的にどのような方法で行うかという面では各教師の裁量に大きく任されているのがわかると思います。ここに一人ひとりの教師による方法への問いかけが可能になります。

幼稚園設置基準のなかの方法

　「幼稚園教育要領」が教育内容面での方法を示唆しているのに対して、「**学校教育法施行規則**」や「**幼稚園設置基準**」では、より具体的な、**環境設定**という意味での教育方法について示されています。法的規制はありませんが幼稚園が努力目標とすべき目安が示されており、ほとんどの幼稚園は現在これに沿った教育を展開していると考えてよいでしょう。

　たとえば、学校（幼稚園も含む）には「その学校の目的を実現するために必要な校地、校舎、校具、運動場、図書館又は図書室、保健室その他の設備を設けなければならない」（施行規則1条）ことになっています。今どこの幼稚園にも園庭（運動場）があるというのは、たんなる偶然ではありません。日本最初の幼稚園には、子どもが自由に遊びまわれる庭がありませんでした。その頃は「恩物」中心で室内の活動が主でしたし、明治初期に子どもを幼稚園にやる、というのはごく限られた一部の上層家庭だけでしたから、「わざわざ幼稚園にやってまで、外で遊ばせることはない」という考えが当時の大人には普通だったと考えられます。都会でも、戸外の遊び場はまだ豊富にあった時代です。

　園庭の広さについては「幼稚園設置基準」の方で、クラス（学

級)数に応じた最低基準が決められています(8条)。また1学級の幼児数は「35人以下」を原則とすること(3条)や,教職員の配置(5条),「園舎は,2階建以下を原則」(8条),必要な施設・設備などについて,具体的な最低基準が示されています。

 以前の「設置基準」では,最低限必要な園具,教具として,すべり台,ぶらんこ,積木,ピアノなどと個別に,具体的なかたちで規定されていました。1995年の改訂で「学級数及び幼児数に応じ,教育上及び保健衛生上必要な種類及び数の園具及び教具を備えなければならない」(10条)という大綱的な記載になり,後は各幼稚園の状況判断に任せられることになりました。幼稚園に教具が絶対的に不足していた戦後しばらくの間は,この基準をばねに環境整備に拍車がかかった面がありましたが,今は状況が一変しています。どうして大綱化されるようになったのか考えることが,保育の方法や環境設定に対する現代の課題を探るうえでヒントになります。物的な環境設定の枠を緩めて,自然環境について学ぶ姿勢が強調されるようになってきたこと,各幼稚園のそれぞれの目的や意図を重視し,地域性や個別の状況に即した指導が社会的に要請されるようになってきた背景などを含めて考えてみましょう。

| 領域という考え方——生活を総合的に捉える |

 幼児教育における「**領域**」の捉え方は,幼児教育の目標および方法(表裏の関係です)を鮮明に特徴づけています。そこでは,幼稚園の生活を,小学校以上の「教科目」のように教育内容で区切らないで,生活全般および遊びという子どもの自発的な活動を通して総合的な学びの場を創造するものだという目標的理

念を掲げています。具体例を挙げて考えてみましょう。

　枯れ葉がたくさん落ちて地面が見えなくなる季節の園庭を見てみましょう。歩くとさくさくと音がするのを楽しんだり，落ち葉をぱっとまき散らし降ってくるのを頭から受けたり，すべり台の上に枯れ葉を敷いてその上をすべってみたり，色や形で分類した葉っぱをままごとのおかずにして「これはハンバーグ，これがサラダね」などとお母さん役を演じる子など，さまざまな遊びがみられます。分厚い本の間に枯れ葉をはさんでおいて少し平らにしてから，紙の上に張っていく子どももいるでしょう。先生がほうきで掃き集めるのを手伝おうとする子ども，落ち葉で焼いた焼き芋をみんなで食べた去年の焼き芋パーティのことを思い出して，先生に「新聞紙をぬらして包んで，また銀紙でくるむんだよね。今年もやろうね」などと一生懸命話している子どももいます。

　ほんの日常的な，ある晩秋の保育の光景ですが，考えてみるとすでに5領域のそれぞれがお互いに絡み合って，子どもの生活を構成していることがわかるでしょうか。各領域からそれぞれの指導計画を立てて組み合わせているのではありません。子どもが自分から主体的に楽しむ生活を基本にして，そこにいろいろな領域にまたがる経験が豊かに包含されるように，保育環境を遠巻きから構成しているのです。ごく自然な流れのようにみえながら，そこには教師（保育者）によるさまざまな環境設定がはりめぐらされています。

　たとえば落ち葉をすべて片づけてしまわずに，適当な分量の葉を適当な場所にさりげなく掃き残しておく配慮や，保育室にテーブルを出しておいて，枯れ葉を集める箱，押しをする本，画用紙，のり，クレヨンなどをおいておく準備などがあります。長期的計

画としては「焼き芋パーティ」を毎年企画し,そのためにさつま芋を育て収穫するという活動を,年間計画に組み込んであるのです。一方「髪の毛や服が汚れないようにする」とか「すべり台をいつもどおりに使う」などの常識や規制に対しては,保護者に対して着替えを用意するよう呼びかけ,日頃から「時には,体や衣服を汚すような活動が子どもに必要だ」という園の教育姿勢について理解を働きかけておく,というようなことも重要な**環境設定**です。また,すべり台の付近にいる教師(保育者)が状況に応じ,それとなく眼を行き届かせ危険防止を図るといった,学級枠を超えたチームワークづくりも日頃から築き上げられている必要があります。

幼児の活動を総合的に援助するという基本的な教育方法を実現するには,そのための環境設定もいろいろな次元から考えられていなければならず,教師が子どものやりたい気もちを理解し,臨機応変な対応ができるということが基本的な条件となります。

4 子どもの主体性を生かすということ

「遊び」を通して指導するということ

幼児の自発的な活動としての,「遊びは心身の調和のとれた発達の基礎を培う重要な学習」であると,「幼稚園教育要領」に示されています。ここで注意したいのは,「幼児の自発的な活動」という表現のなかに潜んでいる「遊び」についての微妙な先入観,落とし穴についてです。

子どものどのような活動を遊びとみなすか,という視野が広い

か狭いかで，望ましい遊びとそうでない遊びを区別する指導になりかねません。ちゃんとまとまりのある，「……遊び」と名前がつけられるようなものでないと，遊びではないという見方が基本にあると，そのような遊びへ誘導すること自体，すでに子どもの自発性を大きく制限することにつながるのです。

　ままごと，虫取り，砂遊び，お絵かき，製作，鬼ごっこ，なわとび，かけっこ，ドッジボールなど……，大人が見てそれとわかる活動をしていると，「遊んでいる」と安心する傾向が大人にはよくみられます。しかし，ぼーっと空を見上げていたり，お友だちの遊びを横から見ているだけだったり，あるいはただ砂をなでているだけで形になるものをつくろうとしていない状態であったりすると，「ちゃんと遊べていない」と考える傾向があるのです。

　しかし，子どもの主体的な活動は，このような段階を教師（保育者）が受け入れて見守るところから始まることが多いのです。遊びは，形のあるものとはかぎりません。二人の子どもが庭の片隅に座ってただじゃれあっているように見えるときも，画用紙を前に何も描けないでいるけれど周りの子どもの絵をきょろきょろと楽しそうに見回している状態というのも，子どもたちにとって遊びにつながる時間です。方向性も形も見えにくい遊びですが，主体的な心の動きのある大切な時間です。子どもからの次の展開をまだ安心して期待できる場面ではないでしょうか。

　また実習生によくある傾向ですが，「自発的な活動は（すべて）遊びだ」と捉えると，子どもからやり始めた活動はすべて，大人の手で触れてはならない大切な遊びだと考えて，「子どものやりたい気もちや遊びのイメージを壊さないように，何も口を出せない。やめさせたいと思うような活動であっても，子どもがやり始

めた活動だから，何か意味があるはずで，手を出せない」というところでジレンマを覚えることが多いようです。しかし，何も働きかけないことだけが，子どもの主体性を尊重することではありません。子どもの活動が停滞し展開がみられそうもない場合や，活動の方向性に問題があると感じられる場合などに，教師（保育者）が子どもに対して方向転換をヒントづけるような示唆を提示することも，必要な環境的関わりとなります。

　落ち葉の季節の遊びを例に出しましたが，子どもたちが自発的に遊びだす状況のなかに，それぞれの遊びが展開するための萌芽があります。そこへ教師がどのような配慮や情緒的・知的援助を加えていくかは，そのときの教師（保育者）の状況理解に依っています。「遊び」の捉え方を固定化してそこへ子どもを導くのではなく，子どもの主体的な活動性と，次へ展開する勢いがあるかという辺りの読みが重要で，そこにはそれぞれの教師の感性や，経験を今に生かす知性，そして日頃の子ども理解のあり方などが大きく関与しているのです。

「自由保育」と「一斉保育」

　学生が実習先の幼稚園で書いてくる実習日誌を読んでいると，「この園は自由保育なので，子どもは好きな遊びができる」とか，「この園は『一斉』なので，観察していても一人ひとりの個性がよくみえない」というような記述によく出会います。いつの頃からか，幼稚園を，一斉か自由かというタイプで色分けすることが多くなってきたようです。しかし幼児教育学のなかで「自由保育」や「一斉保育」という方法が理論的に整理されているかというと実はそうではありません。一般的に，子どもの自発的

な遊びを中心に1日の生活が組み立てられ，昼食と「お集まり」の時間以外は，個々ばらばらに遊んでいるようにみえる保育形態を「**自由保育**」，教師（保育者）主導型の一斉的活動を日々の生活に組み込む割合の多い保育を「**一斉保育**」とよんでいます。

歴史のうえで，倉橋惣三の自発性を重んずる保育方法を，他の人が「自由保育」と命名したことはあるのですが，彼自身その言葉を使ったことはないそうですし，現代の「自由保育」という語が，倉橋を意識して使われることはむしろまれでしょう。戦後，保育内容の「領域」の理解をめぐって，科目ごとに分割する指導観と，総合的な学習観とが，いつも相互に行ったり来たりしていた幼児教育の世界で，自然と，幼稚園をそれぞれの二つのタイプに分けてよぶ習慣ができたものと思われます。

「自由とはどういうことですか」と学生に質問すると，たいてい「好きなことができること」という答えが返ってきます。それでは「子どもにいつも好きなことをさせてあげるのが自由な保育なのかしら」とまた訊くと，学生は「そうではない。自由ななかにも，やはりお互いに気もちよく生きるためのルールはある」と答えます。たしかに「放任保育」と，自由を尊重する保育とは違うはずです。「自由保育」を自認する幼稚園では子どもの自由を本当に尊重しているのか，あるいは「一斉保育」といわれる幼稚園で子どもの主体性はどのように尊重されているのか，形態に左右されずに，それぞれの幼稚園をよくみて考えてみてほしいと思います。

「しつけ」はおしつけ？

最近，小学校低学年の学級崩壊や少年による凶悪犯罪が注目されるようになり，その原因は幼児期の「自由保育」にある，という意見をときどき

遊びを通しての指導

(写真提供　宇都宮大学教育学部附属幼稚園)

マスコミなどで目にするようになってきました。「子どもを自由に遊ばせておくだけでは，肝心なしつけができない」というのですが，このような論調には十分注意する必要があります。まず第1に，子どもが**遊ぶ**ことと「**しつけ**」とは，それほどかけ離れたことなのか，同時に起こりえないことなのかという問題です。第2に「自由に」というのは，どのようなことなのか，という問題です。わが子を死に追いやるほどの虐待を行った親が，「いうことを聞かないので，しつけのつもりでやった」と弁解することが多いようです。これは極端な例ですが，こうした言動は，一般的な大人たちのしつけ観と無縁ではありません。私たちも，「しつけ」というと「子どもの主体性は二の次にしても，大人が積極的に教え

込まなくてはならない部分」だと，ついつい認識しがちなのではないでしょうか。

　一般的に，「あいさつ」「危険回避」「基本的生活習慣」「生活上のルール」などは，子どもが自分から主体的に行うようになるのを待つのではなく，教師（保育者）や親などの大人が先導して教えることと考えられ，いわゆる「しつけ」の事項となっています。朝あいさつをしない子どもに「〇〇君，おはようは？」とか，けんかのなかで「ごめんなさいしようね」と促したりすることがあります。また「すべり台を下から登っちゃだめよ。あぶないからね」と未然に注意したり，「お決まりだからだめだよ」とか「お約束でしょ」とルールを守る必要性を唱えたりするのがそうです。このようなとき，子どもがそれで「いうことを聞く」ようになればそれでいいのでしょうか。大人の望む行動を外面的にふるまうことと，子どもが自分から「そうした方がいいな」と感じているかは別のことです。「今いうことを聞かないと怒られるから，とにかくいうことは聞いておこう」という態度であるなら，大人と子どもが自由な関係にあるとはいえないのではないでしょうか。

子どもの主体性を生かす「しつけ」

　ある年少児クラスの女の子が，保育室の棚の上に座ったとき，偶然手元のトイレットペーパー（先生が汚れ拭き用に置いてある）に気づき，それをちぎり始めました。それを見た3人の男の子たちも加わり，どんどん細かくちぎっていき，そのうちコロコロと転がすのが面白くなってきます。それを見ていた実習生は「紙がもったいない」ので，注意しようかと思いますが，子どもの遊びのイメージを壊してはいけないというのも気になるのです。

4　子どもの主体性を生かすということ

そのとき，部屋に入ってきた担任の先生はすぐ「もったいないからやめてね」と止めに入りました。それを見た実習生は「やはり悪いことは悪いとはっきり子どもに伝えるべきだった」と記録で感想を述べています。

このような場面で「どのように注意したらいいのか」ということが，実習生にとって非常に気になるところのようです。先生はすぐ注意していますが，実習生が心に抱いた迷いも大切だと思います。子どもがなぜそのようなことをするのか，という受け止めがないと，注意はただの制止，禁止になってしまいます。想像してみてください。トイレットペーパーがコロコロ転がっていく様子を。幼児にとって，それは驚きと期待の混ざった体験であったはずです。そのことを一瞬でも受け止めることが教師にあるかないかで，子ども側の注意の受け止め方も質的に違ったものになります。ただ「いけないこと。秩序をみだすこと」として禁止されると，それは子どもの盲目的な服従を強いる結果になります。

肯定的に受け止められる過程を経て，自分からも肯定的な関係性を志向するという，いわば**人間関係の基本的傾向**は，幼児期にすでに顕著に表れています。反抗期といわれるような自我の成長がみられる反面，「いい子になりたい」という主体性も素直なかたちで現れるのが幼児期です。幼児は，普通に愛されて育った子どもであれば，大人の期待に添い，その大人の論理を理解しようと，前向きな姿勢をもっています。大人が子どもの立場に立って，「しつけ」の意味をできるだけわかるように（言葉に頼り過ぎず）伝えていくことで，大人の期待に応えようという意欲は育っていきます。それが，子どもの主体性を生かしたしつけの基本です。

5　教師の大人性

● 方法を問う人として

子どもの主体性との関係

　子どもの主体性を重視することをよく「子どもが主役」と表現しますが，それならば教師（保育者）はただの脇役なのでしょうか。脇を固める役者が主役を引き立てるというのも事実ですが，一般的に「教師（保育者）は脇役」といってしまうと，教師（保育者）の側の主体性がみえにくく，子どものいいなりになっているような頼りない教師（保育者）像をイメージする人がいるのではないかと思います。教育実習へいった学生がよく「口を出していいのか。見守るべきか」の2極の間を行ったり来たりして迷い，揚げ句に「やはり悪いことは悪いとはっきり言わなくてはならない」と決心し，それで自分の主体性を発揮した気分になっていることが多いのはこの辺の問題です（これは実習生ばかりでなく，子どもの教育にたずさわる大人一般にいえることですが）。その後に「でも全然いうことを聞いてくれなかった。やはり目が真剣でなかったのか。本当の先生でなく実習生だからか」という文章が続くことが，実に多いのです。

　「自由保育」という言葉になんとなく引きずられていると，子どもの主体的な活動を「待つ」という，幼児教育に（限りませんが）おいて本質的に重要な教師（保育者）の態度が，ただの形式上のことになり，見通しのないまま，大人が無理に自己を押さえ込んでいることになりかねません。子どもの行動が否定的なものに思えるのに，「それを止めてはいけない，子どもの主体的な活動を尊重

しなくては」とひたすら「やせ我慢」するのが，子どもを主役にしていることでしょうか。このような大人の無理からくる緊張や精神的疲労を解除するために，おしつけ的な「しつけ」が利用されている面があります。大人の無理な自己「抑制」→その解除としての「しつけ」，という構図のなかで，大人の子どもへの見方が固定化してしまっていることが問題です。

　子どもの行動が理解できないとか，否定的にみえる場合，それをそのまま放置して，我慢できなくなったとき（しつけだと正当化して）叱りつけるのではなく，少なくとも「どうしてそのようなことをするのか」という疑問をもち，子どもの立場から少しでも理解できるように，子どもの心もちに近づくように関わるという「段階」を必ず挿入することが必要です。これはただやみくもに「待つ」こととは違います。消極的な行為のようですが，「みずからも子どもだった時代をもち，子どもから大人になってきた」という過去をもつ大人が，みずからの経験と知をもってしか果たせない，教育的な責任ある態度なのです。子どもの現在を受け止め，未来に対する配慮をもって関わるという行為は，大人であること（**大人性**）によって初めて可能な，主体的な態度から生まれます。このことを認識し，そのように実践して初めて，「**待つ**」という行為も，大人の主体性の発揮として積極的なものとなり，心の余裕をもって遂行できるようになるのです。

| 幼児と教師がともに主体的でいられる環境 |

　幼稚園バスの中のやりとりから始まって，自由遊びや設定的な活動，昼食，保育園ならば午睡（ひるね）なども含みつつ，降園に至る「生活」全般が，幼児教育の対象です。授業と休み時間と課外活動

と……という区分がそこでは明確ではありません。ですから教師（保育者）は幼稚園生活のどの場面においても，幼児とともに生活する人として出会います。この基本的な気分を，教師（保育者）は，一人ひとりの幼児とのそれぞれの場面で用意していることが大切です。

幼児にとって，幼稚園が**居心地のよい場所**か，自分らしくいることを肯定され，**自分の居場所**として幼稚園を感じることができるか，この点が教師（保育者）のもっとも基本的に配慮すべきところです。もちろん，担任の教師（保育者）と幼児との**基本的信頼関係**を築くことが基本的に重要であることはいうまでもないことですが，環境全体として，子どもの居場所を準備する用意ができているかという視点が大切です。

物質的な環境に加えて，職員同士のなごやかな協力関係があり，幼稚園全体として合意された教育目標と指導計画が立てられ，そのもとに親や家庭が幼稚園と積極的かつ温厚な関係形成をしてきているかなど，クラス単位以外の諸要素も大きく影響しています。親が先生と対等な信頼関係を保ち，なごやかな対話を日常的に積み上げているかどうかを，幼児は鋭く見守っています。

このように考えてくると，幼児にとって居心地よい場を提供し，そのためのシステムづくりに教師（保育者）同士が協同して当たることが，同時に，教師（保育者）にとって，自己を自由に発揮しやすい環境を幼稚園生活のなかに築くことにつながるということがわかります。子どもが主体性と自由感をもって生活するための方法と，教師（保育者）自身も主体性と自由感をもつために必要な方法が一致すること——これが，方法の是非を問う際の目安になるのです。

> 教師（保育者）の主体性と「省察」の意味

教師（保育者）が自己を発揮できるということと，教師（保育者）が子どもの先に立って子どもを引っ張るという意味での指導性をもつこととは，まったく違うことです。幼児が安心してそれぞれの主体性を発揮し，他の子どもたちとの協同的な関係に向かうという見通しをもって，基本的に「**待つ**」**姿勢**を保つことが，教師（保育者）としての主体的な自己を発揮する指導法であるということができます。目で見える働きかけや，具体的な援助をしていないと，不安になる実習生は多いのですが，教師（保育者）の主体性はそのようなかたちだけで発揮されるのではありません。

しかしその「待ち」の姿勢のなかに，実は，子ども理解から環境設定に至るまで，ああでもないこうでもないという思考や反省が，自分自身との間で繰り返されています。またこれに付随して，子どもの帰った後の片づけや掃除，記録書きをしながらの，思い起こし作業，反省，自分との対話，また他の職員との対話，そして関係の書物や理論への関わり……というさまざまな作業も，自由感のある保育を持続させるためには，普通の場合自然発生的に行われていくのです。

このなかで教師（保育者）は，子どもとの実践そのものを振り返ると同時に，振り返っている自分の立つ場所を，もう一人の自分の目で客観的にみつめるということをしています。ある子どもに対して自分が抱いていた「こだわり」に気がついたり，ここだけは譲れないと思っていた価値観が，実は本質的に重要なものではなかったと驚いたり，わかっているのにどうしてもそのように行動できない自分の「体」を見直してみるなど……，いわば，教師（保育者）が教育実践のなかで，意識しないままに組み立ててしま

っている「枠組み」に対して自覚的になること，そして必要ならばそれをいつでも組み直す勇気をもつこと，これらが方法を問い，方法をみつけていくために必要な態度になります。

参考図書

① 倉橋惣三　1976年　『子供讃歌』（フレーベル新書11）フレーベル館。
　自らの生き生きした子ども観察・理解と海外の教育思想との融合をみた倉橋独特の教育方法論への平明な入門書である。

② 津守真　1979年　『子ども学のはじまり』フレーベル館。
　保育における子ども理解の方法を著者自身が問い，その変遷の背景や意味を多面から解き明かしていく過程を知ることができる。

③ 佐藤学　1996年　『教育方法学』岩波書店。
　欧米の新しい教育方法学を多方面からわかりやすく紹介しながら，現在の「教育方法」学が迎えている転回点の様相を解明している。

④ 立川多恵子・上垣内伸子・浜口順子　2001年　『自由保育とは何か』フレーベル館。
　従来形式的に捉えられがちな自由保育について歴史的な背景を探り，子どもの自由感と自発活動との関係から考える。

第5章　教育実践を支える理解

　　教師にとって子どもを理解することは不可欠なことです。むしろ，教育実践と子ども理解は表裏一体のものという方がよいでしょう。

　本章では，実践において教師はどのように子どもを理解しているのか，その理解はどのような特質をもち，どのようにして生まれているのかを明らかにします。そして，そのうえで，子どもの発達を支え援助するための理解のあり方について考えます。

　そのためには，読者のみなさんが，自分がふだん他者をどう理解しているかを考えてみることが必要です。読者のみなさんは，本章の流れに即して自分の日常生活を思い浮かべながら，自分自身を見つめ，自己理解に努めてください。

1 教育実践と幼児理解

　子どもを理解することは教育実践の基礎です。幼稚園の教師は，実践をしながらどのように子どもを理解しているのでしょうか。そして，その理解はどういう特質をもっているのでしょうか。

> 保育中の教師のあり方

　(1)「子どもの発達のために」という関心　　私たちは誰でも物事を理解するとき，何の枠組みもなく理解することはできません。必ずある視点，ある方向づけに規定され，枠づけられてものごとを理解しています。

　私たちが幼稚園の教師として生きるということは，子どもの育ち，発達に関与するということです。それゆえ，教師はつねに一人ひとりの子どもの育ち，発達に最大の関心をもっています。つまり，教師は「子どもの発達のために」という関心のもとに子どもに関わったり，環境を整えたり，さまざまな配慮をしているのです。このことは，この関心に導かれて教師は子どもを理解し，何をしたらよいのかを考え，判断しているということを意味します。いい換えれば，「子どもの発達のために」という関心が，子どもを理解するための視点として，教師のものの見方を根本から規定しているのです。保育中の教師はこの枠組みから逃れることはできません。

　(2) 子どもとともに生きている　　保育中の教師は，たとえば研究者が子どもたちから距離をおき客観的に観察するように，子

子どもとともに生きる

(写真提供　宇都宮大学教育学部附属幼稚園)

どもを見ていることはしません。教師はいつでも子どもに必要な援助をしようとしていますし、子どもの遊び相手であろうとしています。つまり、教師はいつでも子どもに関わっていこうとしているのです。そのことは教師が「子どもとともに生きる相手」であろうとしているということです。逆にいえば、子どもは教師にとって「**ともに生きる相手**」であるということです。そういう関係は、鯨岡峻によると乳児と養育者の間にも成り立っている根源的なものです（鯨岡［1997］）。

　子どもと教師は互いに「ともに生きる相手」ですから、興味を共有し合い、応答し合っています。つまり、教師は子どもからさまざまな影響を与えられて生きているのです。それはたんに行動のレベルだけの話ではありません。教師は内面性において子どもから影響を与えられています。たとえば、子どもとの関わりにお

いて教師は面白いと感じたり，嬉しかったり，驚いたり，少し腹立たしい思いをしたりします。

このように，教師は心情的にも子どもから影響を受けています。そして，その心情が子どもと共有されていることも多いのです。このことが，子どもから距離をおいている人には見えないものを見えるようにしています。つまり，教師は子どもの内面に近づくことができるのです。と同時に，教師の理解には，子どもにより引き起こされた心情などが影響しているともいえるのです。

(3) 保育中に教師が出会う事柄の重み　幼稚園において教師はつねに教師であろうとしています。そのことが園内に存在するさまざまなものを特別の意味をもつものとして，教師に見えるようにしています。たとえば，お菓子の空き箱も草花も「教材」というものとして教師には捉えられます。

同じように，教師がであうできごと（子どもの行為やしぐさなども含みます）も，自分が教師であることに関わる特別な意味をもつものとして，教師に現れてきます。それゆえ，教師はそれらを無視したり，あたかも傍観者のように眺めていることはできません。教師はそれらに何らかの関わりや働きかけをしないわけにはいかないのです。そして，そのできごとに含まれている問題は何なのかを明らかにし，解決の方途を探らなければなりません。すなわち，教師は自分の出会うできごとに対してそれを理解し，それに関わる問題を解明しようとする姿勢をとっているのです。

このように，教師にとって保育のなかのできごとはすべて解明すべき特別の重みをもって出会われてくるのです。

> 実践を支えている教師の主観的な理解

(1) 主観的な理解の重要さ　先に述べたように,教師はさまざまなできごとを自分が教師であり続けることを左右する重要なものとして捉えます。したがって,教師にとっては,周囲のできごとが一人の主観である「この私」にどうみえるかがもっとも重要なことになります。つまり,教師は自分の**主観的な理解**を頼りに,それに基づいて子どもに関わり援助しなければならないのです。

ところで,この主観的な理解は教師が子どもたちとともにいるなかでなされます。いわば,教師自身の直接的な体験をもとにしているのです。それゆえ,人から聞いた話などとは違い,主観的な理解は実感的に「たしかにそう思える」という確からしさを伴っています。そのため,実践中の教師にとっては自分の主観的な理解はもっとも信頼できるものなのです。現実には教師が誤解することもありうるのですが,とりあえずは主観的な理解は信頼できるのであり,実際にそれに基づいて実践が展開しているのです。

(2) 主観的な理解の自発性と素朴さ　教師は子どもの育ち,発達を支え,援助する責任を抱いて保育の世界を生きています。教師はいつでも今どのような援助をするべきか,どのような働きかけをするべきかを考えているのです。したがって,教師にとってはつねに「子ども」が最大の関心の対象として存在しています。すなわち,実践の最中の保育者はつねに目の前の子どもを,目の前で起こるできごとを理解しようとしているのです。この理解は,教師が子どもたちとともに生きているときには,努力することなく,ほとんど必然的に生じてくるものです。その点で,この理解は教師であることに伴い自発的に生じる理解なのです。

1　教育実践と幼児理解

ところで，自発的に生じる理解は，先に述べたように，教師には「きわめて自然にそのように思える」という実感を伴っていますから，「それが間違いかもしれない」などという疑いは生じません。すなわち，教師は実践のなかで生じる自分の主観的な理解を，それをいちいち確かめることもなく，素朴に信じているのです。

　このように，実践のなかでの理解には「素朴さ」という特質が備わっているのです。そして，そのような理解が実際に実践を支えているのですが，一方で，教師は終始一人の子どもとともにいるわけではないので，その子どもに起きていることをすべて知っているわけではありません。それゆえ思い違いをすることも起こります。ところが自然で素朴な理解が生じているときには，教師自身が思い違いをしていることに気づかないことも多いのです。

(3) 子どもの立場でみて感じられる　　教師の主観的な理解は子どもと関わることを通して生じます。子どもは自分の考えていることや欲求，気もちなどを，表情，しぐさ，ふるまい，行動などにより次々と教師の前に表してくれます。それゆえ，教師は子どもの思い，気もちなどが手にとるようにわかります。すなわち，その子の身になって，その子と同じようにできごとをみて，感じることができます。

　このように，子どもの立場でみることができるというのは，子どもの活動を援助するうえで重要なことです。なぜなら，子どもの生活が充実するのは，子ども自身の思いがどれだけ実現できるかによるからです。そして，それには**子どもの立場に立った援助**が必要だからです。

> 主観的な理解に潜む先入観，偏見

(1) 教師自身の個人的な知識　自然で素朴な主観的な理解は子どもの立場で周囲をみることを可能にしてくれているという意味で，子どもを「正しく」理解しているといえます。ところが，この理解の素朴さのゆえに，教師が子どもを正しく理解していない場合も起こるのです。それを引き起こすものが教師自身の個人的な知識です。

教師は毎日子どもたちと接し，具体的な体験をしていきます。それらの体験はすべて子どもについての知識となって教師のなかに蓄積されていきます。そして，それが子どもを理解することに役立っています。

ところが，その具体的な知識が**先入観**のもとにもなります。なぜなら，私たちは限られた事柄についての知識であるにもかかわらず，それが一般に当てはまることであるかのように容易に思ってしまうからです。たとえば，子どもが何度か乱暴なふるまいをしただけで，「この子は乱暴者だ」と決めつけてみてしまったり，あるいは何日も砂遊びに熱中している子どもたちをみていて，「他の子どもも砂遊びが好きなはずだ」と思いこんでしまうことがあります。

教師自身が個人的な体験から得た知識は納得ができ，確信がもてるので重要です。しかし，それがいつの間にか先入観として働いてしまうのも事実なのです。

(2) 一般的な知識　教師は自分の具体的な体験に基づかない知識も多くもっています。たとえば，学校で教えられた専門的な知識などはそうですし，それ以外にも，科学的な裏づけのないまま一般にいわれていることなどもそうです。

これらの一般的な知識は，まさに「一般的には」妥当することですが，つねに妥当するわけではありません。一人ひとりの子どもは多様ですし，一人の子どもでも状況によって異なる姿をみせるものです。したがって，一般的な知識が当てはまらないことも多いのです。そのことに気づかない場合には，一般的な知識は先入観や**偏見**として働いてしまうのです。

2　理解の内容

　私たちは素朴に「子どもを理解する」といいますが，いったい子どもの何を理解しているのでしょうか。また，子どもの何を理解することが幼児教育においては重要なのでしょうか。

子ども一人ひとりの生きている世界

　私たちはみんなそれぞれ自分の世界をもって，その世界を生きています。このそれぞれが生きている世界を「**私の世界**」とよぶことにしましょう。

　「私の世界」は，そのなかで起こるさまざまなできごと，さまざまなものが私たちにとって固有の意味をもってみえるようにしてくれているものです。そして，それはこれまでの私たちのさまざまな体験やこれからどう生きようとしているかという未来への展望などが複雑に織り合わさってできています。

　たとえば，幼いときから繰り返し虐待を受けたり，いじめを受けてきた人は他人というものが信頼できないもののように感じており，孤独の世界を生きているかもしれません。さらにその人は，

未来に希望をもって生きることができないかもしれません。このような虐げられた体験や希望をもてない未来が「孤独の世界」をつくり上げています。そしてそのような世界を生きていることで、その人は希望に満ちた世界を生きている人とは異なり、人を「信頼できないもの」という意味をもつものとしてみるのです。

また、保育者になりたいと思って勉強している学生にとっては、「幼児」とか「子ども」「絵本」「玩具」などは特別な関心の対象としてみえるでしょう。それはその人たちが、そういうことがらが大切な意味をもってみえるような世界を生きているからです。

この「私の世界」は、私たち一人ひとりが固有の人生を生きているのですから、一人ひとりに固有のものです。同じように、子どもたちも一人ひとりが固有の「私の世界」を生きているのです。

子どもの体験を理解する

幼稚園教育の基礎は子どもを理解することです。「人を理解する」ということは、人間一人ひとりがどのような世界を生きているのかを理解することです。したがって、幼稚園の教師は子ども一人ひとりの「私の世界」を理解しなければなりません。

ところで、先に述べたように、「私の世界」は子どもがしてきた体験により生み出されています。したがって、子ども一人ひとりの世界を理解するということは、その子どもの「**体験**」を理解することを意味します。そこで体験の要素を考えておきましょう。

(1) 子どもの動機, 意図　子どもの行為がその子自身にとってどういう意味をもっているのかを理解することは、その子の体験を理解するうえで不可欠です。ところが子どもの行為やふるまいに出会ったとき、私たちはそれを一般的な意味で解釈してしま

図 5-1 子ども理解の内容

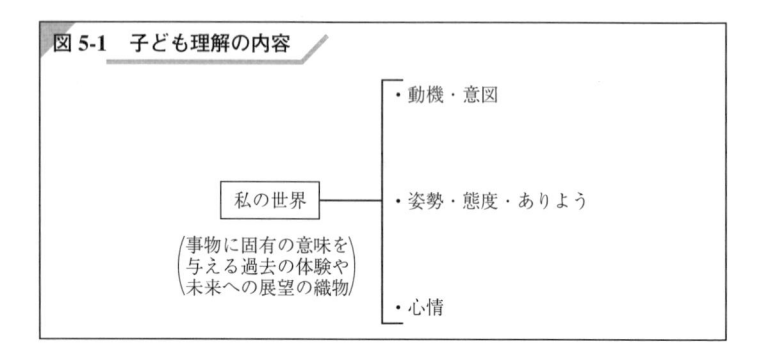

```
                          ・動機・意図

              私の世界 ――― ・姿勢・態度・ありよう
        ／事物に固有の意味を＼
        ｜与える過去の体験や｜
        ＼未来への展望の織物／
                          ・心情
```

うことがよくあります。たとえば、ある子が砂場で大きな穴を掘ったあとに水を汲んできては注ぐということをしていると、その行為を私たちは素朴に「水を貯めるため」と考えるかもしれません。なぜなら普通はそのように考えられるからです。しかし、その子自身は砂に水が染みこむさまを楽しんでいるのかもしれません。

子どもの行為が何を意味しているのかは、子ども自身の立場に立ち、その行為の動機と意図を理解しようとしなければわかりません。**動機と意図**を理解できたとき、私たちは子どもがその行為をしたことでどのような体験をしたのかも理解できるのです。

(2) 子どものありよう　　子どもがどのような姿勢、態度であるのかにより、子どもが幼稚園生活のなかでする体験は異なります。たとえば、生き生きと自由に友達や事物に関わっていける姿勢の子どもは、友達と遊ぶ楽しさや事物の変化する面白さなどを十分に体験するでしょう。一方、ものおじし緊張したあり方の子どもはさまざまなできごとに心を躍らせることも少ないでしょう。それどころか友達やできごとから遠ざかり、孤独を体験することになるでしょう。

したがって、子どもの姿勢や態度、すなわちありようは子どもの体験に関わることなのです。むしろ、ありようのなかに子どもが周囲の環境についている体験が現れているのです。

（3）子どもの心情　　子どもが友達や周囲の環境に関わり何かを体験するならば、必ずさまざまな感情、気もちがわいてきます。すなわち、体験することはさまざまな心情を抱くことです。たとえば、「うれしい」「楽しい」「驚いた」「悲しい」「寂しい」「悔しい」などの心情を子どもが抱くならば、それは子どもがそのように環境を体験したことを意味しています。いい換えれば、環境との関わりがそのような意味の体験をもたらしたということです。

　心情は子どもの身体に現れてきます。身体に現れた心情は、子どもの体験の表出です。したがって、私たちは子どもの心情を理解することで子どもの体験を理解することができるのです。

子どもの育ちと発達

　さまざまな体験を通して子どもの「私の世界」は変化していきます。この「私の世界」の変化は、子ども自身の態度、ふるまい・行動などにより表現されます。したがって、私たちは子どもと関わることを通して、子どもの「私の世界」の変化を感じとることができます。教師が感じとる子どもの「私の世界」の変化が、子どもの**育ち**です。子どもの育ちの感覚は、たとえば「最近、何ごとにも自信をもって意欲的に過ごしているようだ」というように、子どもの内面からの変化の把握を含んでいます。すなわち、育ちの感覚は教師の実践感覚的なレベルでの、内面と外面を切り離さない全体的な子どもの変化の把握なのです。

　幼稚園教育は子どもの発達を支え促す営みですから、教師は子

どもの発達を把握する必要があります。ところが，発達を把握するとき，私たちは子どもの内面の変化を十分に捉えずに，外面的な行動の変化に目を奪われてしまうことがよく起きます。行動の変化は内面の変化を伴って初めて意味をもちます。それゆえ，教師は子どもの内面を含んだ変化として，子どもの育ちを捉えることが大事なのです。いい換えれば，子どもの発達の把握は子どもの育ちの感覚に裏打ちされていることが必要なのです。

他者との関係　私たちは誰でも自分以外のさまざまな人との関係の内に生きています。その関係の違いにより，そのときの私たちの生き方や態度などは異なります。すなわち，子どもが私たちに示すその姿は，その子と他の人たちとの関係により変わりうるのです。

　たとえば，ある子に対して他の子どもたちや教師が「あの子は乱暴者だ」と思って普段からみているならば，その子と他の人たちとの間にいつの間にか「疎遠な関係」のような関係ができてしまいます。そのような関係が存在することで，その子はますます乱暴なふるまいをすることになるのです。

　それゆえ，子どもを理解するには，対象としての子どもにのみ注目するのでは不十分です。その子と周囲の人たちとの関係に目を向け，子どもがどのような関係を生きているのかを考えることも必要なのです。

3　教師の姿勢

　子どもを理解しようとするときに，教師がどのような姿勢，態度で子どもに向かっているかにより，理解の質が変わってきます。子どもの世界をよりよく理解するには，教師はどのようにあるべきでしょうか。

理解を左右する子どもと教師の関係

　一般的に，人を理解しようとするとき，理解する人と理解される人とがどういう関係にあるのかにより理解の質は変わってしまいます。たとえば，「犬猿の仲」にある人は相手のすることがことごとく気に入らなく，欠点ばかりが目につくでしょう。ところが，「ごく普通の同僚」という関係にある人には，犬猿の仲にある人が欠点だと指摘することも特に気にはならないでしょう。これは両者の関係による相違です。

　同じように，教師が子どもを理解する場合も，両者の関係がどのようであるかにより，異なる理解が生まれてくる可能性があるのです。たとえば，前節で「他者との関係で子どもの姿は異なる」と述べました。これは，まさしく子どもと教師の関係が教師の子ども理解を左右していることを意味します。教師がある子を「困った子だ」と思い，そういう気もちが子どもにも伝わり，両者が信頼し合えない，「**緊張した関係**」になっているなら，「困った子」という理解が続いてしまう可能性が高いのです。

　このように，子ども理解は子どもと教師の関係に左右されてい

ます。したがって，子どもをよりよく理解するには，あるいは子どもの本当の姿を理解するには，それを可能にするような関係を築くことが大切になります。それは，教師の子どもへの姿勢，態度の問題です。では，どのような姿勢，態度が大切なのでしょうか。

> 子どもを肯定的にみようとする

子ども一人ひとりの世界を理解するには，子どもが自分の本当の姿，いい換えれば理解してほしい姿を教師の前に開いてみせてくれることが必要です。子どもがみずから自己を開くのは，そうしたくなるように教師が自分をみてくれるからです。つまり，**教師のまなざしのなかに子どもが自分に向けられた「好意」を感じるとき**，子どもはおのずから自己を開いて自分の世界をみせてくれるのです。

教育学者のボルノウ（1903-91）は理解には「**友好的な理解**」と「**敵対的な理解**」があると述べています。彼によると，友好的な理解は心の奥底まで入り込んで内的な本質に迫ることができます。一方，敵対的な理解はより表面的にとどまり，人の心を外側からみることになります（ボルノー［1991］p.79）。

すなわち，私たちが子どもに対して友好的で肯定的な態度で接するときには，私たちは子どもの心の奥まで入り込み，本心を知ることができるのです。しかし，もしも私たちが子どもの欠点を探し出そうとする姿勢で接するなら，私たちは子どもの表面的なことしか知ることができなくなるのです。それゆえ，真に子どもを理解しようとするのであれば，私たちはまず第一に子どもを肯定的にみようとする姿勢をとることが必要なのです。

> 子どもとともに生きようとする

教師が子どもに対して好意的, 肯定的な姿勢をとるとき, 教師はおのずから子どもの世界に参与し, 子どもとともに生きたいと思うようになります。それは, 子どもと共通の体験をすること, 子どもと同じようにみること, 子どもと同じように感じることを可能にします。すなわち, 子どもがものごとを体験しているままに子どもの体験を理解することを可能にするのです。

たとえば, 砂場での遊びに教師も参加しているなら, 苦労してトンネルができあがったときには, 教師も子どもたちと同じようにうれしい気もちになるし, 達成感を味わいます。そうしたことが起こるのは, 教師が子どもたちと**共通の体験**をしているからです。共通の体験をしているとき, 子どもと教師は相手の考えや心情を把握し合いつつ, 自分の考えや心情を伝え合うことをしています。すなわち, **相互理解**を行っているのです。

このように, 子どもとともに生きようとすることが, 子どもの体験を理解することを可能にするのです。ただし, 「子どもとともに生きようとする」ということは, 子どもと一緒に行動することだけを意味してはいません。幼稚園の教師は「**子どもを見守る**」という仕方で援助することもします。

このとき, 教師は子どもと一緒に行動するわけではありませんが, 子どもの体験を理解できます。それは, 教師が子どものしていることを自分自身のことのように感じられているからです。すなわち, 教師が子どもの興味, 関心に注意を向け, それを共有しようとしていることが, 子どもとともに生きようとすることなのです。

> 一つの見方に固着しない

子どもの世界に参与し子どもとともに生きようとすることで，教師には子どもの思いや心情がよくわかるのですが，それでも教師が子どもを誤解する危険性はつねにあります。なぜなら，教師は複数の子どもたちを気にかけていなければなりませんから，終始すべての子どもとともに生きることはできないからです。それに加えて，第1節で述べたように，教師の主観的理解には教師自身気づかない先入観が働く危険性がつねにあります。いい換えれば，教師はいつの間にか子ども自身の体験の流れから離れてしまい，教師自身の観点で子どもを解釈してしまうことが起こりうるのです。

このことは教師がいつの間にか自分のなかに生じた一つの見方に陥るということです。それゆえ，教師は意識的に自分の見方を**相対化**し，他の理解の可能性を考えてみることが必要なのです。つまり，「私はこの子を誤解しているかもしれない」と思うことが必要です。

たとえば，教師が「この子は自分の要求が通らないとすぐに乱暴なふるまいをする」と理解していたとしても，実はその子はみんなに認められていない寂しさをそういうふるまいで表しているのかもしれないのです。それゆえ，教師は自分の理解を単純に信じ込まずに，「他の理解の可能性があるかもしれない」と**自分自身を開いておく**ことが大切なのです。そして能動的，意識的に多様な見方をしてみることが大切なのです。

身体全体で子どもに接する

私たちはものごとを理解することは頭で行うことだと思いがちです。たしかに，ものごとを論理的に考えるというような思考はそうです。それゆえ，学校の授業のように，教科書を読んで学習することが可能です。しかし，本を読んで理解してもできないことはたくさんありますし，実感的に納得できないことも多くあります。ところが実際に自分の身体を使い体験したことは容易に納得できます。つまり，理解には身体が大きな働きをしているのです。

たとえば，シュミッツ(1928-)は「感受性の鋭い人は自分の身体に起こってくるいろいろな状態感から相手のことを理解している」(シュミッツ[1986] p.66)というようなことを述べて，いわば身体全体の感覚が他者を理解するのに重要な働きをしていると指摘しています。実際に，教師は子どもと関わっているときに，子どもについていろいろなことを微妙に自分の身体で感じとり援助をしています。それらはすぐに言葉で表現するのは難しいのですが，子どもについての理解の基盤になっているのです。それゆえ，私たちは自分の身体の感覚を十分に働かせて，子どもの身体に生じていることを感じとることが大切なのです。

4 実践的理解のあり方

幼稚園の教師にとっての子ども理解は，保育実践のなかで起こるものです。それゆえ，理解は教師自身の実践行為と一体となっており，保育実践とは関わりのない観察者が行う理解とは異なり，

固有の特質をもっています。

理解しそれを表現する

教師はつねに子どもたちを援助し支えようとしています。教師の子ども理解はそういう教師の姿勢と結びついています。したがって，教師は子どもを理解するとともに，子どもに対して何らかの行動，応答をすることになります。つまり，実践者にとっては「理解すること」＝「子どもに働きかけること」なのです。

教師が子どもに対して応答するとき，応答という仕方で教師は自分の理解を表現することになります。たとえば，なかなか製作がうまくいかないでいる子に対して，教師が少し助言するとか，手伝ってやるとします。その行為は,「その子が何をしようとしているのか」を，かつ「その子が一所懸命に取り組んでいること」を教師が理解していることを表現しています。手助けしてもらった子どもの方は，教師が自分のことを理解してくれたことを教師の応答のなかに読みとります。

このように，教師は自分の理解を自分の行動により子どもに表現し伝えているのです。そして子どもは，教師の理解が適切であったかどうかを，子ども自身の応答により教師に伝えてきます。実践のなかでの理解とは，つねに相手へと表現されていくものであり，そのことによりその適切さが確認されるのです。

子どもの行為に意味づけをする

遊んでいるときの子どもたちは，いつでも明確な目的があって行動しているわけではありません。たとえば，空き箱などの廃材をいじっている子どもは，必ずしも「〜のものを作ろう」

製作の場面

(写真提供　宇都宮大学教育学部附属幼稚園)

という目的をもっているとは限りません。いろいろじっているうちに，作りたいもののイメージが浮かんでくることがよくあります。

このように，たとえ子ども自身のなかで自分の行為の目的がはっきりしていなくても，教師は子どもが何をしようとしているのかを理解しようとします。そして，たとえば「ロケットを作っている」というように，子どもの行為を**解釈**します。解釈したことを教師が子どもに対して表現するならば，それは子どもの行為にそのように**意味づけ**をすることになります。特に自分の行為の目的がはっきりしていなかった子どもにとっては，教師による行為の意味づけは行為の目的を明確にするという意義をもちます。そのおかげで子どもが意欲的になることも起きます。

4　実践的理解のあり方

実践における教師の理解は，つねに子どもに対して表現されるものですから，教師は理解することを通して子どもに影響を与えることになります。理解の内容を言葉で表現するときだけではなく，教師自身のふるまい，行動で表現するときにも，教師は子どもの行為に意味づけをしているのです。

創造的な遊びの展開を生む

　前項で，子どもに明確な目的がなくても教師は子どもの行為を解釈し意味づけする，と述べました。このことは，子どもにとっては教師の解釈が自分の意図を超えたものである場合がありうるということを意味します。いい換えれば，子どもは教師の理解のなかに「新鮮さ」「意外さ」「面白さ」などを見出すことができ，新しい発想を触発されうるのです。まったく同じことが教師にも起こります。子どもが教師を解釈し表現したことのなかに，教師も自分の考えを超えるものを見出すことが起こります。こうして，子どもと教師の間に思ってもいなかった遊びの展開が生じることがありうるのです。

　そもそも人を理解する場合，相手の考えていることなどを完全に把握することはできません。私たちが理解した内容と相手が考えていることとの間には必ず不一致の部分が残ります。そして私たちが理解した内容を表現するときには，当然私たち自身の考えが入り込んできます。したがって，理解される人は理解する人の表現のなかに何か新鮮なものを発見する可能性があるのです。

　このように，人を理解することは何か新しいものを生み出すことでもあるのです。それゆえ，教師が子どもを理解し，それを表現して伝えることは子どもの**創造性**を援助することでもあるので

す。

理解が深まる

　理解される人は自分のことを完全に理解しているわけでもありません。たとえば、何か言いたいのにどう言ってよいかわからないでいるときに、人に「あなたの言いたいのはこういうことではないの」と言われて、自分の考えがはっきりしたという経験がある人もいるでしょう。つまり、私たちは人に理解されることにより自分自身を理解することができ、そうやって自分が変わっていくのです。私たちが子どもを理解するときにも、私たちの理解により子どもが自己を新たに発見し変わっていきます。それは日々の実践のなかで起きます。それゆえ私たちの子ども理解に終着点はないのです。

　理解の内容が子どもの行為の目的や意図である場合は、たしかに理解はそのつど完了することが多いです。しかし、子ども自身のなかで目的があいまいなときもありますから、その場合には理解がすぐに完了するとはいえません。さらに子ども自身の生きている世界（たとえば、子どもがどのような思いをもちどのように生きているのか）を理解する場合には、簡単に理解が完了するわけではありません。すなわち、教師の子ども理解は繰り返し子どもと関わることを通して、少しずつ深まっていくのです。

　そのことを私たちに実感をもって教えてくれるのは障害のある子どもたちです。彼らと接するとき、私たちはわかりにくい行為に出会うことがあります。しかし、毎日彼らと接していくうちに、わからないと思っていたことの意味がしだいにみえてくることがよく起きます。その意味で、教師はつねに自分の理解を新たにしていこうとする姿勢をもっていることが大切なのです。

> 教師自身の体験を考える

実践における教師は終始子どもに注意を向けています。そのことが子どもの立場でみて感じることを可能にしています。このとき教師には自分のなかにいろいろな思い，感情，考えが次々と生じていますが，それらがどのように自分のなかに生じてきたのかを考えることはしません。すなわち，自分の体験を客観的にみることはしていません。

実践における子どもと教師は，相互にさまざまな影響を与え合いながら生きています。したがって，その場で起きているできごとのなかで子どもがしている体験には，その場で教師がしている体験が影響していますし，教師の体験には子どもの体験が影響しています。それゆえ，子どもをよりよく理解しようとするならば，子どもにだけ注意を向けているのでは十分とはいえないのです。教師が自分自身の体験をみつめ直すことも必要です。そうすることで，子どもと教師の間に生じていたことが明確になり，子どもの体験がよりよくみえてくるのです。

体験をみつめ直すこと，すなわち「想起すること」の重要性を津守真は「**省察における理解**」として述べています。津守は保育の終わった後，その日のできごと，行為の流れを思い起こしていくと保育中には漠然としていたことが明瞭に理解されてくるといいます（津守［1987］pp. 183-85）。

保育中のできごとを想起するということは，保育中とは異なる視点で，より広い視野でできごとをみるということです。それゆえ，漠然としていたことが明瞭になるだけではなく，保育中に気づかなかったことに気づくことも起きます。したがって，自分の体験の「想起」を積極的，能動的に行うことが，よりよく子ども

を理解することにつながるのです。

5 実践研究と教育実践

　教育実践を行うことは、おのずから子どもを理解することを生じさせます。それはさらに教師が自分の実践を研究することへとつながります。では教師自身による実践の研究はどのようになされるのでしょうか。

実践は問題の宝庫

　幼稚園の教師は日案などの指導計画をもって実践に臨みます。しかし教師が予想したように子どもたちの生活が展開することはありません。まったく予想していなかった遊びが展開したり、子どもたち同士の間でトラブルが起きることも頻繁にあります。新たな遊びが生じればそれに適した環境を整えなければなりませんし、トラブルが起きればその解決のために何らかの援助をしなければなりません。そして、つねに子どもたちが充実するように配慮しなければなりません。しかしそれらは必ずしも容易ではありません。

　幼稚園の教師にとって一番の関心事は子ども一人ひとりの育ち、発達です。子どもたちの育ちは一律ではありませんから、一人ひとりに応じた援助をしなければなりません。しかもその援助は、その時その場で生じたできごとへの援助だけではなく、子ども一人ひとりの育ちを見通したうえでの援助でもあります。そのため教師は子ども一人ひとりに見通しをもったうえでどう援助するかという課題をつねに抱えなければなりません。どう援助するかと

いうことのなかには，子ども一人ひとりの発達の課題をみきわめること，適切な環境を構成することなども含まれます。

このように，実践をするということはさまざまな**課題**をつねにもち続けるということなのです。それは教師としての力量がどれほど身につこうとも変わることはありません。

教師自身の実践研究の必要性

(1) 自分の実践の評価と研究　教師は子ども一人ひとりの育ち，発達が実現していくように，日々自分の実践を反省，評価します。その際，子どもの理解を明瞭にすることが必要であり，そのうえで子どもの育ち，発達を把握し，援助の適切さを反省することになります。この作業により，たとえば，実践中に気になった子どもの行為の意味を明らかにしたいという意欲や，なぜあの子は集まりのときにみんなと一緒にいないのか，その子にどう対応したらよいのかなどの問題意識が生まれてきます。これらは教師にとって解決しなければならない大きな問題です。

教育活動の一環として行う実践の評価は，このように必然的に教師に課題をもたらすことになります。この課題を解決しようと考え続けることが教師の**実践研究**です。すなわち，実践研究の課題は教師自身の自発性により，実践のなかから生じてくるのです。

この課題は，教師が子ども一人ひとりを理解しようとしているところから生じてくるのですから，教師の実践的理解から切り離すことはできません。言い換えれば，教師が繰り返し自己の実践に舞い戻り，実践的理解を能動的に行っていくなかで，課題の探求が進んでいくのです。その意味で，実践的理解と実践研究は一つの線上に位置しており，連続的なものであり，教育活動全体の

不可欠な要素なのです。

(2) 自分の実践がみえるようになる　実践研究は実践的理解の延長として行われると述べました。そうであるならば，実践研究のあり方は実践的理解のあり方と同じであることになります。つまり，教師が自分の体験をみつめ直し，子どもたちと自分の間に起きたことを明らかにすることが実践研究のあり方です。

そのことは実践の最中にはみえなかったことがみえるようになることを意味します。自分の実践が新たな姿でみえるようになったということは，それ自体が一つの体験として教師のなかに蓄積されます。それゆえ，一度実践研究をした人は，新たな実践をみるときにそれまでとは違う見方ができるようになっているのです。すなわち，教師として**実践をみる目**がついてくるのです。このように実践研究をするということは，実践をみる目を養うということなのです。

実践研究の方法としての記録

どのような研究でも，事実を記録することが必要です。研究の仕方としては共同研究もありえますが，日常の実践のなかで無理なく研究することを基本とするならば，教師が個人でとる記録を考えるべきです。

実践研究は教師自身の体験をみつめることが大切ですから，そのためには自分の体験を記述することが重要になります。体験を記述するということは単に行動やできごとを羅列することではなく，文化人類学などが行うように，第三者に当事者の体験が生き生きとみえるように，その状況が生き生きと浮かんでくるように記述することです (Geertz [1973]，ライター [1987])。そうするこ

とで第三者に考察してもらうことも可能ですし，教師自身は自分の体験をみつめ直すことができます。

また，このように体験を記述することは，その過程自体において有意義な働きをします。第4節で，津守を引用して保育後に想起することで理解が明瞭になると述べましたが，体験を記述する過程にはこの省察的な働きが含まれています。すなわち，記述することにより新たな気づき，理解の展開が起こるのです。したがって，体験を記述するということは実践研究にとってはきわめて重要な方法なのです。

参考図書

① 津守真　1987年　『子どもの世界をどうみるか——行為とその意味』日本放送出版協会。

　　筆者自身の子育ての体験や障害幼児との関わりの体験を通して，保育者が子どもを理解するとはどういうことであるのか，どのように理解したらよいのかをわかりやすく述べてある。具体的な事例が多いので読みやすい。

② 友定啓子・村田陽子　1999年　『子どもの心を支える』勁草書房。

　　一人の幼稚園教師が子どもをどのように理解し，どのように関わっていったのかが保育記録とともに示されている。実践と子ども理解の関係を具体的に理解することができる。

第6章 幼児教育の共同体

　本章ではまず，幼児一人ひとりの個性と精神が，他者と感情を共有したり，また他者と葛藤したり，刺激を与え合ったりすることができる「共同体」のなかで育まれていくことを学びます。そして次に，共同体に参加する一人ひとりの幼児の心のなかで起こっていることを理論的に学んだうえで，共同体づくりの具体的な方法，また共同体の発展の道筋について学びます。最後に，これらの学びをふまえたうえで，これからの幼稚園・保育所の役割について考えます。

　本章でいう「共同体」とは，規則や規範にしばられた固定的な集団ではありません。「共同体」とは，ものや文化を介した幼児同士の関わり，また幼児と保育者の関わり，さらには幼児と地域の人びととの関わり等のなかで，たえず新たに生まれてくるものなのです。

1 学び合い，育ち合う共同体

思い合い，感じ合う

あるものを「美しい」と思ったり，あるいは自他の行為について「正しい」とか「ちょっと何か違う」と感じたりする私たち一人ひとりの感情や判断のなかには，実は「**共同体**」が潜んでいます。たとえば夕日を見て，夕日が美しいと思うのは，私たち一人ひとりのばらばらの感情ではなく，そこで私たちは互いに夕日は美しいと「思い合っている」のです。あるいは，だれかと一緒に夕日を見ているとき，互いに相手の感情のなかに入り込み，そこから「美しい」という意味が生まれてくるといってもよいでしょう。

感情や判断を含む私たちの心は，このように思い合い，感じ合うことを可能にしてくれるようなさまざまな人々との出会いのなかで育まれていきます。「共同体」を，こうした人々との出会いの場，あるいは出会いそのものと解釈すれば，まさに共同体のなかで私たちの心は育まれていくのです。「幼児教育の共同体」あるいは「共同体における幼児教育」という考え方を大切にしなければならないのは，「共同体」のなかでこそ幼児の心あるいは精神というものが育まれていくからなのです。それゆえ，本章ではこうした考え方を，具体的にどのように日々の保育のなかで活かしていけばよいのかということを探求していきたいと思います。

そこで次に，まずは幼稚園における具体的な共同体の「場面」を二つみてみたいと思います。二つとも，筆者自身が参加観察を続けている宇都宮大学教育学部附属幼稚園での場面です。

共同体の場面①

4歳児，B先生が担任しているクラスの1場面です。もうすぐお昼のお弁当というとき，子どもたちは各々の遊びをいったん終え，次々に部屋に帰ってきます。すると，手を洗い終えた子からすぐに各自の引出しにいき，自由画帳をとり出すのです。そしてお弁当を食べるためのグループの席に座るや，自由画帳を開き，各々のペースで絵を描き始めます。もちろん，すぐにお絵かきにとりかからず，はじめは部屋のなかで他の遊びをしている子どもたちもいます。でも，その子どもたちもやがてお絵かきにとり組み始めるのです。

この「お弁当前のお絵かき」は，もう約半年もの間（現在，2001年11月），毎日続けられているということです。このお絵かきが始まったのは，5月の中旬の雨の日のことです。「そろそろ自由画帳を出してもいいかな」と考えた先生が，この雨の日のお弁当前に子どもたちに自由画帳で絵を描くという経験をはじめてさせました。すると，翌日，お弁当の前，今度は子どもたちが自発的に自由画帳で絵を描きだしたのです。B先生は，「楽しいと思ったから，それが次の日にもち越したみたい」といいます。そしてその後もこのお絵かきは毎日，自発的に続けられているのです。

もちろん，最初は絵を描くのがあまり好きではないといった子もいました。でも，そんな子も，その「雰囲気」に入って，絵を描き始めました。それでも，最初はただグルグルと線で描いて，「キリンのウンチ」「ゾウのウンチ」と「気がそぞろな絵」だけだったのが，一緒に座っているグループの友達の刺激を受けて，しだいに「中に思いが入っている絵」を描くようになったということです。

子どもたちの描く絵は多様です。ある一日に描かれたものだけ

でも「花火」「船と大きなサメ」「おとといの遠足で見た……」「午前中の遊びのなかでつくったロボットと自分が遊んでいるとこ」「オムレツ」「山と空」「火事」「仮面ライダー」等々です。ただし、一つのグループ（6〜8人）のなかでは、特に隣り合った同士で同じテーマの絵が描かれることが少なくありません。しかしまた、(次節で解説するように) 同じテーマを共有する子ども同士の間では複雑な相互作用が生まれてもいるのです。

このクラスの「お弁当前のお絵かき」の時間においては、「一人ひとりの個性をもった子どもが各々の絵を描いている」というより、「感情と雰囲気を共有する共同体のなかから一つひとつの個性が生まれてくる」といった方がよいでしょう。これが一つ目の共同体の場面です。

共同体の場面②

やはり附属幼稚園の、C先生が担任した5歳児のクラスの1場面（1999年12月）です。

12月のある日、Pちゃんが泣きはらした目をして登園してきました。家で大切に飼っていたハムスターが死んでしまったからです。C先生はどう声をかけようか迷っていて、結局少しそっとしておくことにしました。

Pちゃんは登園後、友達がやっているケーキ屋さんごっこのところにいき、最初しょんぼりしていたのが、だんだん笑顔がみられるようになってきました。そんなとき、5歳の子どもたちが遊んでいるところに一匹の毛虫（アメリカシロヒトリ）が落ちてきたのです。

Q君は「この虫は刺されると大変だから殺さなきゃ」といって

踏みつけようとしました。その時，Ｐちゃんが火がついたように泣きだし，ＰちゃんとＱ君，そしてその他の子どもたちの間で次のような「やりとり」が行われたのです。

　Ｐちゃん：お願いだから，もう生きてるものは殺さないでよ。

　Ｑ君：だって，殺さなくちゃ，誰かが刺されるかもしれない。

　Ｐちゃん：でも毛虫にだって心はあるよ。かわいそうだよ。お願いだよ。

　Ｑ君：でも危険な虫だよ。

　Ｐちゃん：家のハムスターなんか，死にたくないのに死んじゃったんだよ。毛虫だって一生懸命生きてるんだよ。

　Ｒ君：はじの方においてあげれば？

　Ｓちゃん：踏まれないような所にね。

　Ｔちゃん：どこがいい？

　Ｑ君：……じゃあ（スコップで毛虫を運ぶ）。

　Ｕ君：Ｐちゃんの心が毛虫に伝わるよ。

　以上のやりとりをみると，子どもと子どもの間にまず毛虫の「生命」をめぐる価値的な葛藤があり，またその葛藤のなかから何か大切なものが生まれてきていることに私たちは気づかされます。そして，こうした子どもと子どもの葛藤の背後には，（次節で解説するように）実は「子ども」と「大人」の葛藤も潜んでいるのです。ともかく，葛藤のなかから何か大切なものが生まれてくる，これが共同体の二つ目の場面です。

2　幼児を育てる共同体

　第1節では，二つの共同体の場面を紹介しましたが，本節では各々の場面についてより深く検討し，「幼児を育てる共同体」について考察を深めていきたいと思います。

場面①――(1)「雰囲気」の重要性

　場面①の「お弁当前のお絵かき」で，まず注目したいのは「共同の感情」，そして「雰囲気」ということです。
この「お弁当前のお絵かき」は，上にみたように（最初は先生が自由画帳を渡したとはいえ）幼児たちによって自発的に始められました。そして，この「はじまり」をよくみると，一人ひとりの幼児の思い（感情）があって，それらの感情がうまく合わさったというより，**共同の感情**がまず生まれてきているのです。このように幼児に限らず，実は人の感情というものは個人的であるというより集団的なものです。あるいは，個人の感情は潜在的に集団的なもの（共同感情）に支えられているといってもよいでしょう。

　そして場面①では，こうした共同の感情が，保育者の援助によって，暖かさと和やかさをもち，かつ何かを生み出したくなる「雰囲気」にまで高められているのです。B先生はけっして幼児たちの集中を破るような言葉かけをしませんが，幼児たちは1枚描き終えると必ず先生にそれを見せにきます。先生は一人ひとりに「楽しそうな女の子が集まってるね」等の言葉をかけながら，幼児が説明する絵のテーマに即した「題名」を日付と一緒に書き込ん

であげます。

　こうした先生の言葉や所作は、何かを指示するものではなく、幼児たちを「包む」ものです。幼児たちの共同の感情と、先生の幼児たちを包む言葉、所作が作用し合って雰囲気が生み出されていたのです。そしてこうした雰囲気は、まさに教育哲学者のボルノウがいう「**教育的雰囲気**」であるといえます。

　ボルノウ（1903-91）がいう教育的雰囲気を一言でいえば、それは子どもに「**被包感**」を感じさせる雰囲気です。被包感とは、包まれ、護られているという感情、感覚であり、その原点は幼児と母親との関係にあります。包まれ、護られているがゆえに、母親を通して、他者や世界に対する信頼を幼児は獲得することができるのです。そしてボルノウは、このような被包感を（母子関係だけでなく）教育の領域においてつくり出していくことを強く訴えました。

　場面①において、幼児たちはこうした被包感を感じていたのです。そして、被包感を感じさせるこうした雰囲気のなかで、一人ひとりの個性が生まれてきてもいるのです。このことは、お絵かきのグループのなかで起きている幼児同士の具体的な相互作用をみるとよく理解できます。

場面①──(2) 幼児同士の相互作用

　同じグループの、並んで座っている3人の男の子（V君、W君、X君）のお絵描きに注目してみましょう。W君とX君は2人とも「青いお家」を描いています。観察していた筆者が「これW君のお家？」と聞くと、頷きながら「ここが入り口だけど、こっち（の家）からも出られる」と3軒の家がつながっている「お

家」について説明してくれます。そんなやりとりのなかでW君の左隣にいたV君は「ばくだん（爆弾）」と言いながら黒いクレヨンで大きな円を描きました。するとW君は，すぐに紙をめくり新しいページに何かを描き始めました。よく見るとそれはV君の「画風」とは異なりますが，爆発している何かの勢いそのものを描いたやはり「ばくだん」です。そしてW君はさらに次のページ（3枚目）に，「飛行機が山にぶつかって燃えている」絵を描いたのです。その間，W君の右隣で最初同じ「青い家」を描いていたX君は，次のページに大きな「ラクダ」の絵を描いている途中でしたが，やはり隣のW君，V君に刺激されてか，ラクダのお腹の中に「ばくだん」を書き込みました。また，この後さらにX君は次のページを開き，そこに「噴火している山（火山）」を描きあげました。

　こうした**相互作用**は各グループのなかで，またときにグループを超えて頻繁に起きていることです。男子と男子，女子と女子の相互作用が多いのですが，ときにたとえば「花火と月」の絵を描いた女の子に刺激されて，ある男の子は同様の「花火と月」の絵を描きました。しかし，そのなかには女の子の絵にはない「満月の下でヨーヨーをする男の子」が描き加えられていました。

　このように，幼児たちの共同の感情と保育者の援助によって生み出された雰囲気のなかで，まずテーマの共有が生まれ，さらにそこでの相互作用から個々の子どもの個性が生まれてきているのがわかるでしょう。一人ひとりの個性が共同体をつくっているというより，共同体のなかから一人ひとりの個性が生まれてくるのです。

> 場面②——(1) 葛藤から生まれるもの

場面②で注目したいのは，先にもふれたように，子どもと子どもの葛藤，またその背後にある大人（保育者）と子どもの葛藤のなかから，何か大切なものが生まれているということです。ところで，毛虫の命をめぐる子ども同士の葛藤については場面②から直接的に捉えることができますが，その背後にある「大人」と「子ども」の葛藤とはどんなことでしょうか。

担任のC先生は，毛虫（アメリカシロヒトリ）のことを「さわらない虫」と教えてきました。だから先生は，その教えを懸命に守ろうとした「Q君の思いだけはみんなに誤解されてはいけない，本当なら，私がきちんと話さなくてはいけないのに……でも，Pちゃんがいつもと違う状況にあること，他の子たちの優しい気もちを思うと，うまく援助できなかった」と言います。このように，まず先生のなかには，一人ひとりの子どもの気もちを考えての葛藤があります。しかしまた，さらにこの葛藤の背後には，毛虫の命をめぐる「大人」（保育者）と「子ども」の葛藤があるのではないでしょうか。

大人の視点（文化）からすれば，毛虫は「害虫」です。しかし，子どもの視点からみると毛虫には心もあり，一生懸命生きているのです。だから場面②には，大人と子どもの命をめぐる価値の葛藤が潜んでいるのです。いい換えればそのとき，この命をめぐる葛藤を，教師も子どもたちも共に経験していたのです。

ところで，こうした子どもと子ども，子どもと大人の**葛藤の経験**にはどんな意味があるのでしょうか。それは，お互いに相手の気もち（相手の大切にしている価値）を感じ合うということです。先生が「うまく援助できなかった」のは，一つには一人ひとりの

2　幼児を育てる共同体

子どもの気もちを配慮したからですが、さらに先生は、毛虫の命に対する大人とは異なる子どもの価値を感じとったがゆえに「きちんと」話せなくなってしまったのではないでしょうか。Q君にしても、最後にはほとんど無言で、スコップで毛虫を運んでいたのです。そして、このようにたとえば「話せなくなってしまうこと」が、価値を感じ合っていることの一つの現れです。

> 場面②──(2) 葛藤を活かす保育者の援助

もちろん、ある場面ではすぐに害虫を駆除することが求められることもあります。しかし、最終的にある一つの行為を選択することと、その前に互いに異なる**価値観を感じ合う**ことは実は矛盾しません。感じ合うからこそ、相手に「ゆずる」ことができるのであり、保育者はそうした場面を大切に扱うことを心がけたいと思います。

また、子どもと子どもの葛藤に対して、いつも保育者は見守るだけでよいということはありません。それは、幼児同士の葛藤が、そのままで一人ひとりの学びにつながるとは限らないからです。ときには保育者が間に入って、各々の幼児の気もちを代弁したり、また視点を変えるヒントを出したり、新たな活動を提案したりする等が必要になります。幼児同士の葛藤を活かす保育者の適切な援助によって共同体は生成するのです。

このように、場面②からは、子どもと子どもの葛藤、子どもと大人の葛藤から大切な経験（価値の感じ合い）が生まれていることがわかります。このように子どもと子ども、子どもと大人が互いの価値を感じ合える場こそが、「幼児を育てる共同体」の名にふさわしいといえるでしょう。

以上，場面①，②の意味を探ることを通して，幼児を育てる共同体にとって大切なものは何かということを考察してきました。次節では，「社会的構成主義」とよばれる理論を参照しながら，幼児を育てる共同体についての考察をさらに深めていきたいと思います。

3 社会的構成主義
● 共同体の理論

社会的構成主義とは　これまで，場面①，②についての考察を通して，一人ひとりの子どもの学びと育ちが「共同の感情」「雰囲気」を基にした「相互作用」「葛藤」という他者との交流，交渉によって実現されているのをみてきました。少し言い方を変えるならば，そもそも「さまざまな意味や知識は，子ども同士あるいは子どもと大人の社会的な交流，交渉によって構成されていく」ということです。本節で解説する**社会的構成主義**の理論とは，まさにこの「意味や知識は社会的に構成されていく」ということの意義とそのメカニズムをより深く説明してくれる理論です。

「共同活動」の重要性　社会的構成主義の理論の源流は，哲学者のデューイ (1859-1952) と社会心理学者のミード (1863-1931) の考え方にあるといわれます (Garrison [1998])。たとえばミードは，幼児の学びと育ちを次のように捉えていたのです。

　「彼（幼児）は自分自身に，彼が他者に働きかけるのと同じやり

方で,働きかけるのである。特に彼は,他者に話しかけるように,自分自身に話しかけ,この会話を内的広場で維持するなかで,**精神**と呼ばれる領域を構成するのである」(ミード[2001] p.195)。

 ミードは最初の1文で,幼児は他者に働きかけるのと同じやり方で自分自身に働きかける,といっています。大人は,自分の心のなかで自己内対話を行い,自分で自分に働きかけることができます。しかし,幼児はこのように自分で自分に働きかけることができないのです。そして,どうしたら自分で自分に働きかけることができるようになるかといえば,まず他者に働きかけることを通して,自分自身に対して働きかける仕方を学んでいくからなのです。

 また上の引用の2文目では,「特に彼は,他者に話しかけ……」というように「話しかけ」が強調されています。いい換えれば,この2文目では「**言葉**」の役割が強調されているのです。なぜ言葉の役割が強調されているかというと,他者に働きかけた言葉は,そのまま自分自身に働きかける言葉として心のなかで用いることができるからです。そして,他者への話しかけを自分への話しかけへと転用していくことで幼児は精神を構成していくというわけです。しかしこうした言葉の重視は,言葉を言葉が生まれてくる活動(共同活動)とけっして切り離してはならない,というミード自身の主張とセットで理解する必要があります。ミードは次のようにいいます。

 「おそらく,人間のコミュニケーションのはじまりは,模倣の中にではなく,一人の活動が他者の活動によって応えられたり,また他者の活動を呼び起こしたりする共同活動の中にある」(Mead [1909])。

このようにミードは,「**共同活動**」のなかから生まれるコミュニケーション(言葉)を重視しました。なぜなら,共同活動のなかで生まれてくる言葉こそが本当に意味の豊かな言葉だからです。先にみた場面②の幼児同士のやりとりを思い出してみましょう。たとえばPちゃんの「でも毛虫にだって心はあるよ」という言葉は,まさに他者(Q君)に対する切実な「話しかけ」です。そして,このように何とかQ君の気もちを変えようという「活動」の文脈のなかで生まれてきた言葉の一つひとつには豊かな意味があるといえるでしょう。

　ところで,哲学者のデューイも,ミードと同様に,「活動」「共同活動」を重視しました。デューイは,私たちをとりまくさまざまなものごとの「**意味**」とは,まず第1に「活動がもたらしてくれるもの」だといいます。そしてその活動とは,「共同活動」でなければならないといいます。なぜなら,共同活動のなかでは,「他者の活動の中に入り込むかのように,他者と同じ仕方で事物に働きかけていく」(デューイ [1997] p.190)ということが自己と他者の間で相互になされるからであるというのです。

　デューイのいうように,共同活動のなかでは他者に働きかけるだけでなく,他者の活動のなかに入り込み,他者と同じ仕方で事物に働きかけることが起こってきます。そしてこのことが,共同活動のなかで生まれる言葉の意味を,主観的なものではなく共同(間主観)的なものにしているのです。いい換えれば,共同活動のなかで生まれてくる言葉には,自分と他者の感情や身体性をとり込んだ意味のふくらみがあるのです。それゆえデューイは,認知的な意味だけでなく,美的・道徳的な意味を含むあらゆる意味が共同活動から生まれてくるというのです。

「主我 I」と「客我 me」

ところでまたミードは,（上にみたように）他者に働きかけることを通して精神が構成されていくことを強調すると同時に, 精神の構成を人格内部の「**主我 I**」と「**客我 me**」の関係という視点からも捉えていました。ミードは, 私たちの人格の内部では, さまざまな場所でさまざまな他者と関わることで, 新たな「自分」が生まれているといいます。ミードは, このように多様な場所で多様な他者との関係のなかで生まれてくる「自分」を「客我」とよんだのです。そして, この客我は, 自我が主体的に生み出しているというより, 他者あるいは社会の要求に即して生まれてくるという側面を強くもっています。

しかしまたミードは, 自我のなかには, この客我を再構成していくような働きが存在しているといい, その働きを「主我」とよんでいます。主我とは, 客我に反応し, それを再構成していくような主体的・自発的な働きです。いい換えれば, 主我とは, 社会的に要求される客我を, うまく人格として統合するための働きです。それゆえ, ここであらためてミードの主張を要約すれば, 次のようにいえます。すなわち精神は, 多様な他者との関わりのなかで生まれる多様な客我と, それを統合, 再構成していく主我の関わりのなかで形成されていくということです。

共同体の理論

以上, ミードの理論をおもにみてきましたが, ミードとデューイが提示した理論（社会的構成主義）を一言でいえば,「幼児は, 共同活動に参加することを通して, 主体的に精神を構成していく」ということです。そして, 私たちはこの共同活動を重視する理論を, そのまま幼児

教育の共同体の理論として受けとめたいと思います。

しかし,ここであらためて注意を促したいのは,「集団活動」と「共同活動」を単純に同じものとして考えてはならないことです。それでは集団活動と共同活動はどこが違うのでしょうか。**集団活動**は,保育者によって与えられた活動,課題を,幼児たちが保育者の指示通りに行う活動です。そこでは幼児たちは,保育者の指示,あるいは他の幼児たちの所作に「同調」することが強く求められます。これに対して,共同活動では,むしろ幼児一人ひとりの間の「差異」が大切にされます。

しかしまた,共同体の理論は,幼児一人ひとりの個性を出発点にする,ということとも少し違います。これまで述べてきたように,共同体の理論ではむしろ**個性**は共同活動のなかから生まれてくると捉えます。たとえば幼児たちはある活動のなかで共同の感情を経験します。これは一つの「同調」的な経験です。しかしまた,そうした経験のなかから,幼児同士の間に「差異」が生まれ,相互作用や葛藤の経験を準備するのです。共同体の理論は,個性とはこのようなプロセスあるいはダイナミズムのなかから生まれてくると捉えているのです。

このように共同体の理論とは,子どもが個性あるいは精神を構成していくダイナミズムを示している理論です。それゆえ共同体の理論は,子どもを単に文化を伝えられる存在としてだけではなく,**「文化と創造的に関わる存在」**として捉えます。場面②でみたように,幼児の感情,感覚,価値観は,大人の文化との葛藤をはらんでいることもあります。そのような葛藤を,意味のある葛藤にするためには,保育者は幼児を文化と創造的に関わる存在として捉えていることが重要なのです。いい換えれば,子どもと子ども,

子どもと大人あるいは子どもと文化の葛藤のプロセスのなかに，どんな新たな学びと育ちの可能性が生まれてきているのかをたえず省察することが保育者に課せられているのです。

4 共同体づくりの要点

本節では，共同体づくりの要点について，以下三つの点にしぼって説明したいと思います。

> 一人ひとりを受けとめることからの出発

(1)「主我」を育む　上で紹介したミードとデューイの理論に単純に従えば，幼児たちが他者と関わる共同活動を数多くとり入れていくことがすぐに求められるでしょう。しかし，共同活動の導入，また共同活動へ幼児を誘うことを性急に行ってはならないと思います。なぜなら，保育者は，幼児たちが他者と関わることを重視すると同時に，幼児たちの主我の育ちということを考える必要があるからです。

先にみたように，主我とは，多様な客我を統合，再構成していく主体的，自発的な働きです。それゆえ，この主体的・自発的な働きとしての主我が十分に育っていないと，いくら他者との関わりを通して多様な客我が生まれても，それらをうまく再構成して精神を形成していくことが難しくなってしまいます。共同活動が一人ひとりの幼児にとって真に意味のあるものになるためには，一人ひとりの幼児の主我が十分に育まれていなければならないのです。

ところで,幼児の主我はどのようにして育まれていくのでしょうか。幼児の主我は,幼児が他者に関わったときに,その他者に十分受けとめてもらうことによって育まれていきます。それゆえ,幼児一人ひとりの主我を育むためには,まず幼児一人ひとりを受けとめる保育者の存在が何にもまして重要なのです。

　このような主我を育むための保育者のあり方を一言でいえば,それは**共感,共苦**ということになると思います。保育者が,たとえば一人の幼児の「逆上がりができた」という喜びに共感する,またたとえば一人の幼児の悲しみに共苦することによって,みずからのさまざまな感情を受けとめていく主我が育まれていくのです。こうした保育者の援助は,ときに幼児を抱きしめたり,ときに「聞く」ことに徹したりと多様なあり方が考えられるでしょう。ですから,ここでも「他者に関わることで自分に関わる」というミードの理論のエッセンスを,幼児が保育者（他者）に関わることで自分（主我）を形成していく,というように捉えることができると思います。

（2）「主我」と「客我」のバランスを考えた保育の構造　　こうして保育者の共感,共苦によって主我が十分に育まれてきた幼児は,他の幼児との関わりのなかで多様な自分（客我）を生み出し,人格としてそれらを再構成していくことができるようになるでしょう。筆者はこうしたプロセスを,たとえば3年保育の幼稚園では次のように二重構造で考えたらよいのではないかと思います。それは,3歳児,4歳児,5歳児といった各々の1年のなかで,主我を育むことから始めて他者と関わる共同活動へのプロセスを考えることと,3年間を一つの保育期間と考えて,3歳児,4歳児は主我の育ちをより大切にした保育を心がけ,5歳児では共同活動

共に遊ぶ楽しさ

(写真提供　宇都宮大学教育学部附属幼稚園)

を重視した保育を心がける，という二重の視点を上手に活かした保育の構造を考えるということです。

| 共同体の生成発展 |

（1）まずは共に遊ぶ楽しさを　筆者は「共同体」を一つひとつの場面として考えることが大切だと思います。何か一つのイメージに合わせて共同体をつくり上げていくというより，1日のなかにも多様な共同体の場面があり，そのなかで保育者は適切だと思う援助を行い，さらにその後で場面の意味を省察し，次の実践に活かしていくことが大切だと思うのです。それゆえ，ここでいう「共同体の生成発展」とは，発展の直線的な筋道ではなく，あくまでも実践，省察のための一つの視点であると考えてほしいと思います。

共同体の生成ということを考えたとき,まず第一に大切なのは,幼児が他の幼児と共に遊ぶ楽しさを十分に感じていることです。身体ぐるみじゃれ合うことの楽しさ,笑い合うことの楽しさ,相手に自分の得意なことを言ったり見せたりすることの楽しさ等々,まずは共にいること,共に遊ぶ楽しさを幼児が感じることに共同体の原点があります。「今日,〜ちゃんと遊んで楽しかったから,また明日も遊びたい」という感覚が,あたり前のことですが,共同体の始発点であり,もっとも大切にされるべきことでしょう(ちなみに,先にみた場面①はこの「共に遊ぶ楽しさ」の一つの事例として捉えることができるでしょう)。

　(2) 一人ひとりの存在を知らせる　　ところで,こうしたいわば気の合った同士での楽しさに加えて,幼児がより多くの他の幼児と関わりがもてるような援助をしていくことも重要です。たとえば5歳児になると,他の幼児により積極的な関心をもつ一方で,ある特定の幼児に強い偏見をもったり,その幼児を排斥したりするということが起きてきます。共同体の発展を考えるとき,こうした排斥的あるいは敵対的な関係を幼児なりに超えていくための援助が保育者に求められているのです。

　場面②で登場したC先生は,4月当初から,まさに敵対的・排斥的な関係を乗り越えていく共同体づくりを実践していたのです。C先生は,1学期には「一人ひとりの存在をみんなに知らせる」ことに心をくだいて実践を試みました。そのなかで,たとえばクラスのなかで排斥される傾向にあったY君に関しては,Y君の得意な「なぞなぞ」をクラス全体の共同活動として広げていくことを通してY君の存在を知らせていったのです。幼児たちが偏見を超えて,「あの子にはあんなところもあるんだ」という経験をも

てるような言葉かけ，また共同活動を実践したのです。

また，こうしたクラス全体で「なぞなぞ」をやるという実践には，視点を変えると（一人の子の存在を知らせることとは異なる）別の意味がみえてきます。「なぞなぞ」は，Y君だけではなく，順番に一人ずつ前に出て全員に向けてクイズを出します。見ていると，ときには大人にはよく理解できないクイズも出されるのですが，幼児たちはけっしてブーイングをせず，そうしたクイズにもそれなりに答えてしまうのです。なぜなら，幼児たちは「答える」というより，一人ひとりの子に「応える」ことを楽しんでいるからです。気の合う仲間を超えて，さまざまな活動のなかで幼児たちが応え合う楽しさを経験することが共同体づくりに欠かせないといえるでしょう。

さらにまた，たとえばC先生は「運動会」を「これまでの人間関係を断ち切るチャンス」と捉えて，やはりその「練習」のなかでも一人ひとりの存在をみんなにアピールするような援助を続けました。そして，こうした幼児たちが他の幼児たちの存在をみつめていくような援助によって，2学期の終わり頃には幼児同士の「話し合い」の質も深いものになっていきました。場面②が生まれてくる背景にはこうした実践の積み重ねがあったのです。

(3) 共に意味を創造することへ　このように，共同体の発展には，共に遊ぶ楽しさを十分に経験することから始めて，さらには幼児一人ひとりが，気の合う仲間だけではなく，その他の幼児の存在を幼児なりにみつめ，受けとめていけるような援助が必要です。そしてこうしたプロセスを経て，幼児たちは**「共に意味を創造していく」**ことができるようになっていきます。やはり先にみた場面②では，毛虫をめぐる葛藤を通して，幼児たちは「命」の

意味を共に創造していたと捉えることができます。幼児教育の共同体は，幼児たちが共に意味を創造していくことでさらに発展していくのです。

しかし，この共に意味を創造していくということは，ものごとの意味を一つに集約したり，あるいは一つの意味を共有していくことではありません。共に意味を創造するとは，繰り返し述べてきたように，互いに相手の価値観を感じ合うことを通して，個人の価値観を超えて意味の世界をより豊かにしていくことに各々が貢献することです。

> 偶然を活かし，生活（暮らし）を味わう

ところで，場面①も場面②も，ある意味では偶然生まれてきた幼児たちの感情，葛藤に保育者が適切に関わることで「生まれてきた」といえます。この意味で，共同体づくりの要点とは，偶然を活かす呼吸のようなものだといってもよいかもしれません。

また，保育者には，偶然に生まれてきた幼児たちの興味，関心を幼児と共に一つのテーマとして再構成し，さらに多様な活動を通してそのテーマを幼児たちが深めていけるような援助が求められているといえます。この点で，イタリアのレッジョ・エミリア市の幼稚園やアメリカの幼稚園で「プロジェクト」とよばれる一つのテーマを追求する実践は大きなヒントを与えてくれるように思います（エドワーズほか [2001]）。また，上でふれたC先生の実践にあったように，従来行われてきた「運動会」や「お楽しみ会」等の活動を，幼児が共に意味を創造する共同活動としてあらためて位置づけることも大切です。

共同体づくりの要点として，最後にさらに一つの視点をつけ加

えたいと思います。それは，たとえば「遊んだ後の遊具をみんなできれいに洗う」等の**日々繰り返される**活動を大切にするという視点です。みんなで遊具を洗って整理することは，場面①でみたような共同の感情を生み出します。またそうした活動は，幼稚園での暮らしを大切にするという感覚を育んでくれます。「知識を構成する」あるいは「意味を創造する」という視点が強すぎると，日々の暮らしを大切にする感覚を失ってしまうこともあるでしょう。生活の意味は，実は日々繰り返される活動を共に何度も味わい直すことから生まれてくることを忘れてはならないと思います。

5 幼稚園，保育所の役割

二つの視点から

最後に幼稚園，保育所の役割ということをあらためて考えてみたいと思います。幼稚園，保育所の役割は，二つの視点で考えることができます。一つはそれ以後の教育（小学校，中学校……）に対しての役割ということと，もう一つは親，地域に対しての役割ということです。

幼児の幸せを実現する
学びと育ちを

まず一つ目の，その後の教育との関わりで，幼稚園，保育所の役割をどう考えればよいでしょうか。たとえば，幼稚園，保育所での教育を，小学校の教育のための「準備教育」とする考え方があると思います。しかし，この考え方は，ややもすれば幼児期の学びのもつ豊かな可能性をとり落としてしまうものであると同時に，幼児期の子どもたちの「幸せ」に対する配慮を欠いて

います。

　本章で考察してきたように，幼児たちは，共同の感情を経験し，また共同活動のなかで本当に意味のふくらみをもった言葉を獲得し，ゆっくり精神を形成していくのです。そしてこうした育ちと学びのプロセスを一人ひとりに保障することがそのまま，幼児一人ひとりの幸せを実現していくことだといえるでしょう。幼児期の教育を単純に小学校教育の「準備教育」として考えてしまうと，こうした幼児の幸せを実現する育ちと学びの可能性をとり落としてしまう危険性があります。

　幼稚園，保育所では，幼児たちが共同の感情，共同の時間を経験すること，また幼児たちが大人の文化に創造的に関わることが大切にされなければなりません。しかしこうした経験は，先にも述べたように，ときに大人の文化との葛藤をはらんでいます。たとえば幼児同士の関わりのなかから生まれてくる感情あるいは時間の感覚は，いわゆる時間割で拘束される感情や感覚とは異なるものです。幼稚園，保育所は，このような感情や感覚を大切にすることを出発点に，幼児が大人の文化と創造的に関わっていく力を育む役割をもっているといえるでしょう。なぜなら，このような力こそが，幼児期以後の育ちと学びの真のベースになると思われるからです。

「学級崩壊」が問いかけているもの

　ところで，近年の小学校の低学年の「学級崩壊」の原因について，それは「幼稚園，保育所が子どもを自由に遊ばせているからだ」という意見があります。またさらにその背後には，「幼児のしつけをきちんとして，ともかく小学校の一斉授業に適応で

きるようにしてほしい」という意見が控えています。しかし，このような意見は事の本質をまったく見誤ったものです。そもそも低学年の学級崩壊とはどのような現象なのでしょうか。学級崩壊に詳しい教育評論家の尾木直樹は，低学年の学級崩壊の特徴を次の四つにまとめています。

「第一には，衝動的傾向が強くパニックを起こしたり，セルフコントロール不全となり，小暴力を多発させることだ。／第二には，コミュニケーションスキルの欠落である。／第三には，基本的生活習慣の未確立が集団性を前提とした学校規律を崩壊させていくのである。／第四には，親に愛されたいがために『良い子』を演じ続けなければならないイライラがストレスとなって，パニックや無気力症状を生んでいることである」（尾木［1999］p.83）。

こうした子どもたちの問題を解決していくためには，まさに本章で述べてきたように，共同の感情，相互作用，異なる価値を感じ合う等の経験を幼児たちに保障していくことが求められているのではないでしょうか。それに対して，たとえば幼稚園での多くの時間を「一斉授業」に似せたかたちで行うことは，幼児たちからこれらの経験を根こそぎ奪ってしまうことになりかねません。低学年の学級崩壊は，幼児の幸せを実現する真の学びと育ちが幼児たちから奪われていることに根本的な原因があるのです。

ところで，上にみた低学年の学級崩壊の四番目の特徴である「親に愛されたいがために『良い子』を演じ続けなければならない……」という問題を真に解決していくためには，あらためて幼稚園，保育所の親に対する役割について考えてみる必要があります。その際，親との関わり，あるいは親との**パートナーシップ**ということが大変重要になってくると思います。

> 親とのパートナーシップを

保育者の視点から、現在の親子の関係をみると、どうも理解できない、あるいはこの点はどうしても直してほしい、ということが少なからずあるのではないでしょうか。たとえば、子どもが「幼稚園で逆上がりができた！」と本当にうれしそうに言っているのに、親がそのことに心から共感できていない等です。こうした親をみると、たとえば「もっとお子さんといっしょに喜んであげてください」と言いたくなってしまいます。しかしまた、幼児への対応に関して親に言葉のレベルで訴えても、うまくいかないことの方が多いのではないでしょうか。それには大きく次のような二つの理由があると思われます。

一つは、親はたとえ子どもと一緒に喜んであげることの大切さがわかっていても、別の要求を子どもに対してもっていたり、また特に親自身も今の社会を生きていくことのストレスで子どもへの暖かいまなざしを失いがちになっているからです。そしてもう一つは、親は幼稚園、保育所で行われている多様な遊びが一体どのような意味で子どもの学びと育ちにつながっているのかが具体的にわからないからです。このように理由を整理して考えてみれば、保育者ができることを親がすぐにはできないのは、むしろ当たり前であることがみえてきます。

このような親の事情を考えるならば、現代の幼稚園、保育所に求められているのは、一つは現代の子育てがもたらしているストレスを親と共有し、語り合えるか、ということであり、二つには幼児の学びと育ちのありようを保育の具体を語る（あるいは見せる）ことを通して、いかに納得してもらうかということです。そしてこの二つのことは、保育者が親に「教える」かたちではなく、

まさに親を「パートナー」として位置づけ，現代の子育ての問題を共に考え，互いの力を活かし合っていくことによってはじめて可能だと思うのです。親はまさに幼稚園教育の共同体の一員なのです。

現代の子どもをめぐる深刻な問題を考えるならば，このように親を幼稚園教育の共同体の一員として位置づけ，本当に意味のある親とのパートナーシップをつくっていくことは幼稚園，保育所の重要な役割です。そしてこの考え方の延長として，幼稚園，保育所は，親を含む園外のさまざまな物的・人的環境を「幼稚園教育の共同体」あるいは「幼稚園教育の共同体の一員」として考えていくことも大切です。幼稚園，保育所のなかで生まれる幼児たちの共同の感情，共同の時間を大切にしながらも，園外の多様な文化や人々に幼児たちを出会わせていくことは，これからの幼稚園，保育所の課題であるといえるでしょう。

参考図書

① 宍戸洋子・勅使千鶴 1990年 『子どもたちの四季──育ちあう三年間の保育』ひとなる書房。

「みんなでやる」ことを大切にしながら，一人ひとりを見守る……日本の幼児教育が育んできた「共同体」の息吹をもっともよく伝えてくれる本。

② 森上史朗・今井和子編 1992年 『集団ってなんだろう──人とのかかわりを育む保育実践』ミネルヴァ書房。

幼児教育の共同体＝人との関わりを育む保育実践，といってもよい。0歳からの乳幼児の「人との関わり」を育む保育のあり様

を，実践と省察を誠実につみ重ねながら明らかにしている。また，主観に流されない執筆者たちの描写から，乳幼児の発達の具体がくっきりと見えてくる本。

③ バーク，L. E. ほか　2001 年　『ヴィゴツキーの新・幼児教育法』田島信元ほか編訳，北大路書房。

　本章でも論じた「社会的構成主義」をより深く理解するために最良の本。同時に，幼児教育の方法と，ADHD（注意欠陥多動性障害）を含む学習・行動障害をもつ子どもたちのための教育の方法を統合的に捉える理論を提供してくれる本でもある。

④ 渡部信一　2001 年　『障害児は「現場(フィールド)」で学ぶ——自閉症児のケースで考える』新曜社。

　たとえば，自閉症の子どもの「偏食」の改善は，「共同体」のなかでこそ可能だということ。共同体とは，言葉によるコミュニケーション以前の〈コミュニケーション〉の体験そのものであること。共同体の心地よさ，楽しさ，ざわめきのなかから「学び」が生まれてくること。自閉症児のケースを通して，「共同体」のもつ根本的な意味を照らし出してくれる本。

第7章　保育者の専門的成長

　保育を通して，保育者は何を学び，どのように変わっていくのでしょうか。保育の専門家である保育者は，保育経験を積むなかで子どもとの関係，同僚との関係，親や地域との関係など，さまざまな関係から学んでいくことで生涯発達していくことができます。保育者としての専門的見識や力量を培っていきます。ではその専門的見識や力量とはどのようなものでしょうか。この章では日々の保育を通して，子どもを理解し，関わり，振り返るときに何がどのように変わっていくのか，職場の先輩達や保護者の方たちから何を学んでいくのかに焦点を当てて考えていきます。読者の皆さんに，保育者としての成長を考える地図や展望をもってもらえればと思います。

1 日常性と保育者

> **日常から学ぶ**

(1) 日々の出会い　保育歴30年のD先生が新任のころを思い出し次の話をしてくれました。

「保育者になった最初の年のことだったと思います。もみじの葉っぱが色づいてきたときでした。『先生，もみじが霜やけでかわいそう』って言いにきた子がいました。また別のときですが，台風で風が強い日に3歳の男の子が『先生，台風つかまえてきたよ』と言って風をいれて膨らんだビニール袋をもってきてくれました。こういう子どもの姿にみずみずしい力をもらった気がしました。そのときはこの子どもに対し気のきいた対応ができたとも思えないし，実際どう対応したかはもう覚えていないのですが，その子どもたちの言葉は今も心に残っています。こうした経験が，今まで保育の仕事を続けてきた駆動力だったかもしれませんね」。

「出会う」とは自分の世界から外に出て，相手の世界に会うことです（吉田［1996］）。この保育者は，子どもの言葉に耳を傾けることで，葉や台風に対し自分とはまったく違う感じ方をする子どもに会います。こういう驚きや喜びはどこの園でもいつの季節でもある日常の保育の一風景でしょう。保育者は子ども一人ひとりの発見や発想を通してその子の新たな面や成長に手応えを感じ，子どもが出会う人・こと・モノの世界について新たな面を学び，自分の保育の新たな可能性を見出していくことができるといえます。

(2) 発達を編み上げる2本の糸　保育の専門家としての成長

は，二つの糸で織り上げられます。一つは保育所や幼稚園での転勤，クラス替えなどの勤務園のできごとによる変化，結婚や出産等の私生活の変容のような外の環境の変化に対応し適応していくことで，変わることです。この変化はよくみえます。しかしもう一方の糸はみえにくいものです。それは**日々の保育**のできごと，子どもと子ども，子どもとモノとの出会いから生まれるできごとに，保育者が自分の思いから一歩出て学ぶこと，自分のなかで変化をつくり出し変わっていくことです。この経験を重ねることで実践知を習得することができます。この変化は当人にはよくみえませんが，ある年数や時間の幅をもってみてみると，確かな成長となっていきます。この2本の糸が織りなし合い，外からもたらされる環境の変化と自らが起こす変化によって保育者の発達の様相がつくり出されているとみることができます（秋田 [2000a]）。

　保育はさまざまなこと，保育者の計画通りのことや望ましいことばかりではなく，困ったこと，気にかかることが起こる場です。特に初任期には困惑し，もがき，打ちのめされたり，思いを超えることが尽きることなく起こる場にみえるでしょう（Fu et al. [2002]）。子ども，親，同僚や園長，地域の人等との間に思いのずれや葛藤が生じます。このずれを明確にし対処を考えるために，職員会議や研修で語らうことから学ぶことが大切です。できごとの構造を捉え対処を考えるなかで，**保育の実践知**を培い，保育者もともに育っていきます。

　「子どもといっしょにいる間は，自分のしていることを反省したり，考えたりする暇はない。子どもの中に入り込みきって，心に一寸の隙間も残らない。ただ一心不乱。子どもが帰った後で，朝からのいろいろのことが思いかえされる。われながら，はっと

顔の赤くなることもある。しまったと急に冷汗の流れ出ることもある。ああ済まないことをしたと，その子の顔が見えて来ることもある。──一体保育は……。一体私は……。とまで思い込まれることも屢々である。大切なのは此の時である。此の反省を重ねている人だけが，真の保育者になれる。翌日は一歩進んだ保育者として，再び子どもの方へ入り込んで行けるから」(倉橋 [1976] p. 45)。

保育の専門家として「翌日一歩進んでいくこと」としての成長とは，何がどのように変わっていくことなのでしょうか。この点を次に考えていきましょう。

子どもとともに日常をつくり出す

(1) 実践知の体得　園の教育目標や年間の教育課程，月案を立て長期的な計画により，どのような活動経験を子どもたちに行うかを考えます。これは保育の骨組みになるとても大切なことです。しかし長期的計画をそのまま降ろして保育するのではありません。目の前の子どもの遊びや動きから，関心やこだわりを理解し，それを広め深められる環境を子どもとともに構成していくのです。そのためには発達の道筋を知り，過去・現在・未来を見通すことのできる発達の知識と，子どもが興味や関心を向ける活動，経験してもらいたい活動やその素材についての知識やその意義についての知識，そして指導援助の方法についての知識が求められます。大学や専門学校で保育についてさまざまな事例を通して学んだり，技能を身につけたでしょう。それらをフル稼働しながら，勤める園の理念や環境の実態，子どもたちの特色に合わせた個別具体的な実践知を，保育者としての経験を重ねながら

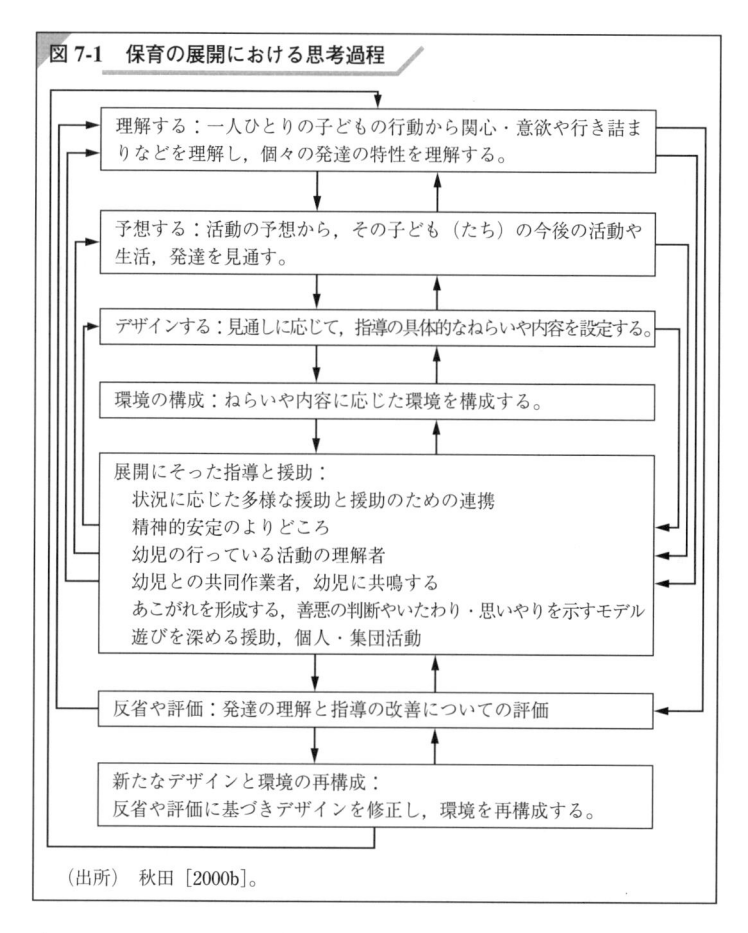

図 7-1　保育の展開における思考過程

```
理解する：一人ひとりの子どもの行動から関心・意欲や行き詰ま
りなどを理解し，個々の発達の特性を理解する。
        ↓
予想する：活動の予想から，その子ども（たち）の今後の活動や
生活，発達を見通す。
        ↓
デザインする：見通しに応じて，指導の具体的なねらいや内容を設定する。
        ↓
環境の構成：ねらいや内容に応じた環境を構成する。
        ↓
展開にそった指導と援助：
    状況に応じた多様な援助と援助のための連携
    精神的安定のよりどころ
    幼児の行っている活動の理解者
    幼児との共同作業者，幼児に共鳴する
    あこがれを形成する，善悪の判断やいたわり・思いやりを示すモデル
    遊びを深める援助，個人・集団活動
        ↓
反省や評価：発達の理解と指導の改善についての評価
        ↓
新たなデザインと環境の再構成：
反省や評価に基づきデザインを修正し，環境を再構成する。
```

（出所）　秋田［2000b］。

身につけていきます。言葉でわかる，説明できることよりも，子どもと動きながら身につける**身体知**，その場にいると無意識に使える知識をもっていることが実践者のもつ実践知の特色です（Elbaz［1981］）。

（2）保育における思考過程　　保育者はこの実践知を使いながら，子どものこれまでから現在の姿を捉え，さらに育ってほしい

姿を見通して図7-1のような過程を行きつ戻りつしています。子どもとともに活動のための環境を構成します。そして，子どもたちの行動を認めたり，モデルになったり，一緒に行ったり，援助を与え任せていったりしています。

これは一人ひとりの子どもを見とりつつ，かつ個を集団との関わりのなかで捉え，集団として育ちあう関係ができるような環境構成や指導を考えることです。子どもが他者である他の子どもや大人と出会い，文化のなかで大切にしている暮らしや遊びを成立させているモノやことと子どもをつなぐ役割を担うこと，それが保育者の役割になります。

2 保育のなかで育つ保育者

では「理解する，関わる，振り返る」の3点を考えてみましょう。

> 子どもを理解する

(1) 見とること・聴くこと　子どもを見，内面を理解すること，何をしていたかを見てわかるだけではなく，その体験を通して何が起きているのか，なぜ何を求めているのかを汲みとることが次の関わりを考えていくうえで欠かせません。友だちと遊んでいるから大丈夫と考えるだけでは放任です。「○○ちゃんたちと△をして遊んでいる」姿のなかで，その子が何をその子なりにどのような工夫をし何を楽しんでいるのか，あるいは何が遊びに停滞や行き詰まりを生んでいるのか，なぜある仲間のなかでその子が主体的に関われ

Column ③ 聴くことの教育学

子どもの声を聴く大切さはよくいわれる。では「聴く」とはどのような行為なのだろうか。音声を耳で識別するだけが聴くことではない。聴くこと，観ることは，子どもを敬愛し，見とる重要な保育技法である。

- 聴くことは私たちと他者とをつなぐパタンや，つないでいるものへの感受性をもつこと。
- 聴くことは，「聴く―聴かれる」ことに開かれていること。自分の耳だけでなく五官，あらゆる感覚で聴くこと。
- 聴くことは，自分自身を表現し伝えたり，暮らしを表す数百，数千の言葉，あらゆるシンボル記号を聴くこと。
- 聴くとは，時計に刻まれる時間の外にある時間，つまり沈黙や長い停止，その人の内なる時間を聴くこと。他者に耳を傾けることは他者が自分に与えてくれているものを聴くことによって生まれる。
- 聴くとは違いに心を開き，他者の視点や解釈を認めることであり，メッセージをくれた人に対し，意味づけし価値を与えること。
- 聴くとは答えではなく，問いをかたちづくること。疑いや不確実性がそこに生まれる。自分の判断や偏見を停止し，変化へと開かれ，未知のものへの価値を求めること。
- 聴くとは匿名ではなく，各々を正統なものと認め目に見えるよう認めあうことであり，関係性を学ぶ前提である。
- 聞くとは言葉だけではなく文脈を聞くことである。聴くことでふたたび認識し気づくことであり，共有と対話によって生まれるものである (Project Zero and Reggio Children [2001])。

ないのかなどの様子を見ながら，援助を考えていくことが必要になります。

表7-1 幼児のタイプと問題の定式化の視点と内容

	視点の数		定式化された内容				幼児のタイプ				
	単一	複数	個の課題	保育者との関係	仲間関係	母親との関係	乱暴	勝手・逸脱	抑制的	対人未熟	発達遅滞
2〜4年群	7	3	7	3	3	0	0	9	1	0	0
5〜10年群	8	4	6	3	6	1	3	5	4	0	0
11年以上群	4	11	11	8	8	1	2	2	3	6	2

(出所) 高濱［2001］Table 2-4「問題の定式化の視点と内容」。

「日頃仲間と遊ぶきっかけがうまくつくれないa子ちゃんが，今日は段ボール箱の犬小屋づくりにb美ちゃんが興味を示したのをきっかけに，自分のアイデアを提案し一緒に動き出している。保育者のE先生はその傍らのテーブルに腰かけc君たちの車づくりを援助している。a子ちゃんたちには特にその日その場では先生は何も声はかけなかった。しかし，このときE先生はa子ちゃんの遊びの展開をおさえ見ていることが，翌日の環境設定の準備についてのお話からわかってきた」。

保育者にとって，遊びに参加し内側から関わることだけではなく，遊びを外側から見ながら，子どもの表情や言葉，動きなどを見聞きしそこから内面を推測することも大切なことです。

(2) 理解や対応の難しい子　保育者になると，理解が難しい子や対処が難しい子にであうでしょう。それはどのような子でしょうか。表7-1は対応の難しい幼児はどのようなタイプの子かを，保育経験年数の異なる保育者33名に尋ねたものです（高濱［2001］)。

保育経験2〜4年群では，自分勝手な幼児や集団から逸脱する幼児，つまりクラスに一定の秩序を入れようとしたときにはみ出

す子どもが多くあげられています。これは，まずクラスのまとまりを考え，そこから外れる子をどのように対処するかに注意を払っていることを示しています。

ところが，5〜10年目になると，視点がより多様になっていきます。自分勝手な子や逸脱する子だけでなく，園で自分を出せていない抑制的な子や乱暴な子，そして11年以上群では対人的に未熟な子どもが難しい子としてあげられています。目につきやすい勝手な行動をする子や逸脱する子への対処法がわかると，よりめだたないところでも一人ひとりの子どもが自己発揮できているかに注意を向ける余裕ができてくるわけです。

また，それらの子どもの問題を捉える際に，2〜4年目ではその子個人の特性の問題と単一の視点で考えています。ところが5年目を超えた群では個人の問題としてだけではなく，仲間との関係や保育者との関係のなかでも捉えるよう**視点が複数化**します。その子一人の問題ではなく，他者との関係の網の目のなかで起きるダイナミックなできごととして問題を捉えられるようになっていくわけです。経験を積めば保育のなかで子どもの理解や対応の難しさがなくなるわけではありません。けれども，子どもを理解するのに難しいと感じられることが変わっていくといえるでしょう。

もちろん，これは保育経験年数の違いだけではありません。何歳児かという発達の特性に応じた理解の難しさがあり，また先生自身の特性と担任する子どもの特性との相性によっても，どのような子どもを理解や対応が難しいと感じるかは違ってきます。

筆者らは同じクラスで複数担任をしている経験年数もほぼ同程度の二人の保育者に，対応に難しい子どもを尋ねました（秋田・安見［1997］)。するとあげられた子の名は一致していませんでし

た。自分自身がテンポが速く気が強いと感じているF先生は，活動へのとりかかりや行動のテンポがゆっくりで気が弱い子の保育が難しいと感じていました。一方，自分はじっくりとりかかるタイプだと捉えているG先生は，テンポの遅い子よりも，周りにひきずられ主体的にとり組めない子の保育が難しいと感じていました。

また3歳児担任の保育者では仲間と遊べるか，気もちの切り替えができるか，自分の思っていることについて話ができるかなどが子どもを見る一つの観点になっていたのに対し，5歳児担任では集団の中でリーダーシップをとる子か仲間を助けていける子かといったことが一つの観点になっていました。子どもの発達に応じて見る観点，理解や対処で気にかかることも当然変わってくるわけです。

子どもを見る自分の見方に保育者自身が気づくこと，いつも見落としがちな子や問題視しがちな子に気づくことができると，それが専門家としての一つの成長となっていきます。この気づきによって問題がないように見えあまり注意を払わなかった子どももよく見るようになったり，問題視している子をその子だけではなく周囲がその子に何をし，どのように受けとめているかを気をつけて見ることもできるようになります。

(3) 見るポイント　　子どもを見るときに，いつどのように見るかという子どもを見る場面や情報を得るための見方は，子どもの特性によりどのように違ってくるでしょうか。次の文を読んでどのような情報がさらに欲しいか，どのように対応するかを考えてみてください。

「4歳の女児です。先生や友達に対してほとんど話しかけませ

ん。非常に内気な感じの子どもです。いつも仲間から孤立していて遊びのなかに入っていくことがありません。先生に甘えてくるのでもありません，一緒に遊ばせようとするのですがすぐ一人になってしまいます。一斉の活動や身の回りのことでは，誰かがやるのを見てそれから始めるため時間がかかります。しかし自分でやろうとする気もちはあります。絵を描くことが好きで，毎日のように自由画帳を広げて描きます」(高濱［2001］p.57)。

高濱裕子は上記のような事例を提示してどのような情報がさらに欲しいか，またどのように対応するかを保育者に尋ねています。この事例は自己抑制的で表出が少ない子，つまりベテラン保育者にも理解が難しい子どもの事例です。

2～4年群のA先生は「家庭での情況やきょうだいがいるかどうかを知りたい」としたのに対し，5～10年群のB先生は「生活的な面はどうか，集団で皆に経験させたい活動のときにどうなのか，家庭環境を知りたい」と，その子だけではなく**仲間集団との関係**に注目していました。また11年以上群のC先生は「幼稚園を喜んでいるのか嫌がっているのか，一緒に遊ばせようとするが一人になるのは，先生が抜ければ抜けるのか，いても抜けるのか，他の子からおいていかれるのか，何の絵を描いているのか，同じ物を繰り返して書いているのか，人との関わりのなかでの生育歴」と個人のこと，集団との関係，家庭環境を押さえながらもより**細かな具体的情報**をあげて答えていました。

保育経験を積むと，子どもの行動を見るのにより細かく見て文脈をおさえたり，選択肢をいろいろもって推論できるようになることがわかります。こういうタイプの子だとどんなところを重点的に見るとよいかという押さえどころ（ピンポイント）が直観的に

わかり構造的に問題を捉えられるようになるわけです。つまり初任期には見ているようでも大まかに幼児の状態を見ているのに対し,経験を積むにつれ,幼児の特性や状態に応じて大事な情報を集める手立てがわかるようになってくるわけです。

とはいえ,ベテラン保育者でも4月当初に初めて子どもたちと出会ったときからよく理解できるわけではありません。初めはさまざまなかたちで探りをいれながらその子の特徴をつかんでいきます。けれどもしだいに各々の子の特徴がわかるにつれ,その子のやり方に応じていくことができるようになっていきます。年度の前半には保育者側の枠組みで子どもの行動をより望ましい方向に方向づけようと提案や指示・リードする意図的な方法が多くみられるのに対し,しだいに子どもの感情や行動を尊重し子どもの枠組みの内側から援助していく受容的な方法が増えていくという報告もあります(斎藤［2000］)。

年間を通し,何年もの保育経験を重ねて,子どもを理解し,そのための行動様式や実践知を身につけていくことができるといえるでしょう。

| 関わる |

6年目の保育者が自分の新任時代を振り返ってこう語ってくれました。

「しつけと子どもがやりたいことって背中合わせになっていることが多いじゃないですか。この時間で切り上げなくちゃいけないとか子どもはもっと遊びたいのに教師である私の方が強く押せなくて困ったりしました。1年目のときは叱れなかったですね。子どもの思う通りにさせておくのではなく,子どもを育てる指導をやらないとだめだよといわれ困りました。はじめは何でも私が

してあげたいと思いました。でも今だったら子ども同士で解決できるようにしたいと考えるようになりました」。

新任保育者は保育のなかでよく起きるできごとに対し，どのように対応するかの実践知を蓄積していきます。まずノウハウとして「○○のときはどうしたらよいか」を学んでいきます。しかし経験をつむと，なぜその手立てをするのかという意味を考えようとするようになります。また意味を考えるので，同じ機能をもつ別のやり方も考えられるようになります。

遊びの展開に従って，保育者の役割は時々に変わります。小川博久は言葉がけという言い方で表現される保育の手立てを考え直すこと，保育者の身体的関与のあり方を「気」という言葉で説明しています（小川［2000］pp. 224-25）。先生がいることで安定できるようその場に「気を置き」，モノやことに注意を示して「気を入れ」ることで，子どもの「気を引き」，遊びの場に参加し「場に気を入れ」遊びを高め，対話をすることで「気を合わし」，一緒に作業し共感することで「気を送る」のです。また身体的な関わりから身を引いて「気を抜き」，場全体を観察することも次の展開を考えるうえでとても重要なこととなります。どのようにいつ保育者が気を入れたり抜くか，そのメリハリが遊びへの援助では大切なのです。

> 振り返る

（1）心に留める　保育者は状況と対話し行為しながら考え，保育のなかでもこの環境でよかったのか，声をかけなかった方がよかったのかと行為のなかで振り返っています。これは実践者の特徴です（秋田［2001b］）。しかし，刻々と代わる遊びのなかでは，次々としなけれ

表7-2 保育における気づきの技法

子どものストーリー	学習と発達のストーリー	教師のストーリー
・その子はその素材や物で何をしているか ・それにうちこんで関わっているようか ・遊びのなかで何についてどのようにつぶやき，自分の考えを表しているか ・その物とその子のそれまでの経験や他者，他の物がどのようにつながり合っているか ・遊びや活動を通して何を発見発想し，探求しようとしているか	・この活動は前にみたことがあったり，その子の家族から聴いたことと関連しているだろうか ・子どもがやっていることで何が新しい考えや質問，理解，解決だろうか ・この活動に至るまでにどのような困惑や葛藤，誤りなどがあっただろうか ・この経験はどのようにこの子の肯定的な自己感を支持したり，低めたりしているだろうか ・あなたの理解に専門的な情報として何が新たに加わっただろうか	・この活動で喜んだり悩まされたことは何だったのか，この経験をどのようにしてあなたが大事にしているものと適合させるのか ・この子やこの集団についてあなたがこれまですでに知っていたこととこのことがどのように一致しているのか ・興味を引かれることは何か ・何をもっと知りたいのか ・この子やこの子どもたちにとってこの活動の意味をあなたはどのように捉えているのか，何を探求したいか ・この遊びをサポートし，さらに挑戦するためには次にどのようなステップの可能性があるだろうか

(出所) Curtis et al. [2000].

ばならないことがあり，ゆっくり振り返ることはできないかもしれません。ですから，その日のことを振り返る降園後が大事なひとときになります。

振り返るためには，心に残ったことをもう一度思いだし自分の心に留めておく。心に留めることによって，その出来事を**対象化**し見つめ直すことができるからです。そのために記録に留めておく，他者に話して留めておくことが大切です。さもないと日々の

できごとはすぐに忘れられていきます。

　保育中にはその場のある行動しか見えなかったかもしれません。しかし一日保育が終わって考えたり，日を重ねてあるときその子どもや活動を振り返ると，子どもの変化や学びが見えてきたり，自分が保育者としてどのように指導援助して育ってきたのか，どんな可能性があるかがわかってきます。それは一文一文，1場面1場面読み進んでいくと物語の展開が見えてくるようなものです。そのためには，時や場，子ども同士の関係，園と家庭を「つないでみる」ことや，時間の変化や子どもによる違いを「比べてみる」こと，その場面で何ができたのかと活動を「分けてみる」こと，この遊びがどのように広がったのかと「広がりをみる」ことなどを考えるとよいでしょう。それによって，その子の物語（ストーリー），発達や学習の物語，教師の物語が見えてくるでしょう（表7-2参照）。他の子との関係，保育者である私との関係が見えてきます。

　そのためには，いかにうまくいったか，うまくいかなかったかを考える（**技術的省察**）だけではなく，その子ども，子どもたち，保育者にとってその遊びや活動はどのような意味があったのかを考え（**実践的省察**），またさらになぜ今その活動，その方法なのかと「なぜ」を考えてみる（**批判的省察**）とよいでしょう（秋田[2000b]）。

　H先生は，毎年秋にクラスづくりの活動の一つに集団でのルールのある鬼遊びをしておられます。「開戦ドン」という遊びを例年のように伝えようとしていましたがその年には園内研で話し合い，保育者から遊びを提案するのではなく，運動会の玉入れで使った紅白の玉をつかった陣取り遊びから，順に子どもとルールを考え

ながら開戦ドンと似た「ドンドンゲーム」という遊びを考えていきました。それによって，H先生はこの遊びにとって不可欠な要素や発達への意義を考え，子どものアイデアのおもしろさに気づくことができました。

　毎年繰り返される保育内容も新しい見方でみたり，一つ工夫を加えその様子をみていくことで，「なぜ」という振り返りができます。

　(2) ともに語り合う　　新任期には何か問題がありそうでも何が問題か，またどうしたらよいか，自分一人では気づかないことも多いでしょう。しかし，同僚や先輩たちと語り合うことで，自分と違う視点から見えてくることも多いものです。違う物語が見えてくるわけです。したがって，園内研修や園外の人を招いたり園外の人との研究会でも語り合いの場になるようにするとよいでしょう。

　そこで大事なのは，他の人にも自分が捉え心に留めたできごとをよくわかってもらい，実際にわがこととして他の人にも考えられるような説明ができること，物語れることです。具体的であり，詳細の過程がわかるほど，その事実についての見方や，事実から判断した行動について他の意見を出し合うこともできるようになります。「学びや遊びという時々刻々とすぎてしまうものを目に見えるように**可視化**すること」が必要なのです（Project Zero and Reggio Children［2001］, Fu et al.［2002］）。そのためには，遊びや表現が生まれる過程をビデオや写真，デジタルビデオカメラに収めたり，自分で保育後に日誌等の記録を書き，それを出して読み合うのがよいでしょう。

　そして他の参加する人は，自分の経験に即してそれを読み取っ

ていきます。第一印象や感想を大事にすると同時に、できるだけそこでも具体的に考えを述べ合うことが求められます。特定の人や行動について賞賛や非難をするのではなく、子どもの行為を味わい、保育を鑑賞する姿勢で向かうことが研修を面白いものにします。そこでは経験の年数や役職上の地位関係を超えた対等な関係が前提になります。初任期には自分独自の意見を述べることをひかえがちですが、専門家として対等にさまざまな見方を出すこと、わからないことはわからないといえることで、先輩もより若い人も考えるきっかけを出すことになります。

　園内で保育の検討をすることで新しい見方を提供してもらえます。しかし教育，保育は**価値的行為**であり，一義的に最善の方法が決まるわけではありません。したがって，他の保育者から出された意見をもう一度自分で吟味し，自分の関わる子どもにとってそれはよいかどうか，取り入れられることは何かを考えてみることが必要です。先輩から出された意見や示唆については考えることなく素直に従うことが若い時期にはとかく多いように思います。たしかにやってみることから学ぶことも多いのです。しかしそれだけでは，主体的に保育をする専門家にはなれません。助言を自分なりに考え判断することや，助言を受けてやってみた結果をよくみて，なぜよかったか，自分のクラスではうまくいかなかったのかを振り返る必要があります。同じやり方でも子どもによって保育者によって日によって違ってくるのは当然だからです。

表7-3 保育者の発達段階モデル

観点＼発達の段階	Ⅰ 新任	Ⅱ 初任
1 専門家としての水準	専門家ではない。一人前としては扱われない。保育を経験したことがあるだけでは専門家としてはみなされない。 自分の好みや経験にもとづいて対処する。	専門家として正式に関与し始める。 発達理論の基本は学んでおり実践へ応用できる。 専門家らしい行動はできるようになってくるが，その行動の理由を説明することはできない。
2 役割およびはたらき（主にはたらきかけるシステム）	（マイクロシステム）* アシスタントとして直接実践に携わり指示されたように行う。状況の設定や配置，環境，人，活動に関わり，ケアや活動の援助，行動のマネージメント，園や保育室の維持管理などを行う。	（マイクロシステム） 子どもと直接関わる状況のなかではたらく。自分の仕事に対する熱意を示すようになり幼児教育の知見に興味をもつようになる。 しかし，要求に応えようとするあまり自己犠牲や特定の子への過剰な注目などがおこる。先輩の資質や助言の影響を大きく受ける。
3 キャリア発達の段階	・その場限りの具体として実践を捉え，発達にふさわしいかどうか，またその実践の意味を捉えることはない。 ・直線的に単一の原因を考えたり，あれかこれかと二分法的に捉える傾向がある。 ・自分自身の個人経験や価値体系によって色づけられたかたちでみる傾向にある。	・徒弟として専門職に正式に参加し，自分の考えに教条主義的ではなくなる。ただし，まだ発達を直線的，原因を一つのことにもとめて短絡的に考えやすい。まだ自分の価値システムに左右されやすい。 ・他者とともに仕事をするときは他者を立て自分は控えめにする傾向がある。受動的であるので，フラストレーションを感じる。
4 実践の方向性	場に参加するという段階。 仕事における直接的な指示を必要としており，示唆や助言を自分を統制するものとしてかならずしも受け入れられない。キャリアというよりも請負の賃仕事として関わっている。賃金も低くモラルも低い。	助言を好ましいもの，キャリア発達を支えるものとして受け止める。指示をより強く求めるようになるが，うのみにすることも生じる。仕事にうちこむほど何でも役立ちそうな処方箋や方法を求めるようになるが，それに完全に向き合えるだけの技能はもち合わせていない。

(注) ブロンフェンブレンナーは人をとりまく生態学的なシステムを直接的なマイクロシステムからレンナー［1996］を参照のこと。
(出所) 秋田［2001a］に一部加筆修正。

186　第7章　保育者の専門的成長

III 洗練された段階(中堅)	IV 複雑なことができる段階(熟練)	V 影響力をもつ段階(熟達)
専門家としての強い自覚をもつ。心理学や教育学、発達などの知識が柔軟に適用できるようになる。常識や自分の個人的経験、基礎知識のたんなる適用の段階を越える。ただし、保育に直接影響を与える変数をシステム的に捉えたり、複雑な要求に対処するという点では熟達は十分ではない。	実践の場で永年蓄積を積んでいる実践者。直接実践にたずさわる臨床的方向と後輩への助言や園経営、親への教育にあたるなどの間接的文脈から2方向での発達あるいはその両方向へと発達する。経験だけで実践の質が高まるわけではなく、より複雑な問題状況についての実践的知識や経験をもち、それらを参照枠に統合することができる。	すべての人がこの段階に至るわけではないが退職まで大きな影響力をもつ。多くの役割や機能を果たし、実践の場の多面的な側面について詳細かつその根底をきちんと把握できる。
(マイクロシステム・メゾシステム) 自分自身が親となることで他の親に共感できるようになる。主に直接保育実践に関わるがその質により関心を払うようになる。また子どもや家族だけではなく親や家族(メゾシステム)にも、はたらきかけともに育てていくことの必要性への認識が大きくなる。	(マイクロ・メゾ・エクソシステム) 直接的には子どもや親の人格の力動的側面をより深く捉えたり、集団のニーズに応えるシステムとしてのプログラムをデザインできる。また特別な援助を要する子どもや家族にも専門的知識や技能を役立てることができる。間接的には、マイクロ、メゾ、エクソシステムおのおのへ対処するようになる。ケアを与える経営や社会システム、公的サービスの側面にも積極的にはたらきかけられるようになる。	(エクソ・マクロシステム) エクソシステムとマクロシステムをうまく調整することをはかり、子どもや家族の生活に影響を与えるシステムに対し、条件の改善や保護に対してはたらくようになる。
・実践者として落ち着きをみせ、指導される者から同僚関係になり、同僚との連携が仕事のなかで重要になる。 ・直接的・二分法的思考からより柔軟な思考になる。主観的な印象や個人の価値判断ではなく、事実をよくみて評価し、行うべきことや負うべき責任を理解できるようになる。 ・自分の能力を確信できるようになってくる。	・自分独自の実践をつくり上げられるようになり、実践を批判的に思考し語ることができるようになる。 ・過程やモノ、人のつながりを秩序をもったパターンとしてみることができる。 ・厳格にルールや処方を適用することから相手のニーズに合わせた対応ができるようになる。	・肉体的衰えが知恵の発達、省察の機会をあたえるようになる。 ・実践の複雑さを新たな創造的視点からとらえることができ、現場の将来の発展を導くのに役立つようになる。 ・二分法的思考ではなく、さまざまな要因を相互作用的、相乗的に捉え、そのシステムを概念化できる。またさらにより抽象度の高い考え方と結びつけたりすることができ、新たな創造性と挑戦ができるようになる。
自分自身に対する信頼が生まれる。複雑な事態では助言を必要とすることもあるが、日々の多くの活動を助言なしにこなす。具体的な問題への処方箋の解決法よりも、文脈やシステム的な課題、問題に対処することに興味をよりもつようになる。	自律的であり、若手を指導したり助言を与える。若手がもつ問題に対し効果的に挑むことができる。	自分だけではなく、他のスタッフの仕事への責任ももつようになる。 自分が保育者の創り手であるという主体性、著者性を感じ主張できる。

ら社会文化的な信念体系であるマクロシステムまで4分類して捉えている。詳しくはブロンフェンブ

3 他者との関係性に生きる教師

役割のなかでの成長

(1) 成長と生成　前節では保育経験を積み熟達していく姿と契機を述べてきました。しかし，年数を積むだけで成長するわけではなく，またここで紹介したことのみが発達の目標や課題ではありません。ときには経験を積むことで柔軟な発想ができなくなったり，マンネリに陥り，惰性で子どもの新たな姿を見とることができなくなる停滞としての発達の危機もあります。獲得していくこととして発達をとらえている人は多いのではないでしょうか。獲得することは喪失の過程にもなります。この意味では，危機を超え成長し続けるためには，出会いを日々生成していくことこそが求められるのです。

(2) 職場での役割　園では日々の保育時間中の子どもとの関係だけではなく，さまざまな役割を分担することが求められます。園のなかで一人前にみなされていくことは，園の仕事のなかで集団でする仕事の役割をも引き受けていくことでもあるし，それがまたクラスを超え園全体を考えていく成長の契機ともなります。

表7-3は保育者の専門家としての成長の一つのモデルです。役割や実践の方向を見ると，同僚や親，地域との関係へと仕事の視野が広がっていくことが読みとれるでしょう。

家庭や地域から学ぶ

(1) 親とともに育つ　他章でも述べられているように，乳幼児期の保育では，

家庭と園との連携は，欠かすことができません。園で子どもを理解するためには，登園時に体調や家庭での様子を聴くことが必要です。また保育を理解してもらうためにも，園での子どもの生活を各々の保護者に伝え，発達の過程についての理解を共有してもらうことが必要になります。現在では親と保育者の間の教育観や園と家庭の生活にずれがあり，それが各々にとっての不満となることも多くなっています。習い事や流行の遊びへの考え方，子ども同士のトラブルへの考え方や家庭での生活時間等でずれがみられます（鈴木ほか [1999]，徳田 [2000]）。その解消のためには連絡帳や学級通信，保護者参観や保育参加など多様な機会を使って語り合っていくことが求められます。それは専門家として発達への見方を伝えることであり，親の悩みや考えの根拠を聴くことにもなります。ずれこそが連携の新たな契機です。親の苦労を知ることで，保育者は共感をもって一緒に子どもを育てることができます。

(2) 他園・学校・地域と出会う　自園での保育だけを見ていると，その保育が当たり前となり，縛られることもあります。地域の同じ小学校へ上がる保育所や幼稚園との交流，地域の小学校との連携や小学生や中高校生との交流，お年寄りや障害者の方との交流等，地域の方と保育を通して交流することは，子どもたちに地域の人間として生きる共生の感覚と地域の人との絆を育てる活動になると同時に，園の遊びでは見られなかった子どもの新たな面やその園の保育の独自性を保育者が学ぶ機会でもあります。また，小学校の教育課程との接続を考える幼小連携は，発達をより長期的に捉える目を育て幼児期に教育すべきことや，保育の独自性を考える機会にもなります（秋田・有馬幼稚園 [2002]）。

自分の経験や思いを超える**出会いから学ぶ**こと，保育者としての私の生成変容には，開かれた心と心からの誠実さ，そして責任感が必要です。それは経験年数に関係はありません。日常の保育者の姿が子どもを育み，子どもの育ちが大人たちを育てます。その相互性こそがともに育つ社会をつくり出す保育といえるでしょう。

参考図書

① 森上史朗・岸井慶子編　2001年　『保育者論の探求』ミネルヴァ書房。
　保育者の歴史や経験年数に伴う変化の事例等，保育者論全体を探求するのに薦めたい。具体的な事例が豊富なのでイメージしやすい。

② 民秋言編　2000年　『保育者論』建帛社。
　法律から保育園，幼稚園の実態までがコンパクトにおさえられて書かれている。

③『発達』83号「特集 保育者の成長と専門性」　2000年　ミネルヴァ書房。
　教科書とは違い，著者それぞれが自分のスタンスで論考を書いているので，短くて手軽に読みやすい。

第 **8** 章　保育内容の構造と展開

　　幼児期の教育は，子どもの遊びを中心とした自然な生活の流れを大切にしています。その意味では，同じ学校教育の枠にある小学校以上の教育とは少なからず似て非なるところがあります。しかし，小学校以上の教育と同様に年間の教育課程や日々の指導計画はしっかりもっています。こうした一見矛盾したような教育活動が幼児教育の真髄です。本章では，その真髄を創ってきた過程を通して，幼児教育の難しさと楽しさを学んでほしいものです。

1 保育内容論の歴史的系譜

はじめに

子どもたちは、子どもらしい願いを抱いて雨の日も風の日も元気に登園してきます。子どもたちは、自分の心のなかにある願いを満たしてくれる場所であることを保育所・幼稚園に期待しているのです。この時、子どもにとっての教育の目的は、自分の願いを満たすこと、すなわち、遊びの喜び、創造の喜び、協力の喜びを体験できることなのでしょう。保育所、幼稚園は、こうした子どもにとっての教育の目的を実現する場にほかなりません。その意味で、保育所、幼稚園が子どもにとってのふさわしい生活の場であり、遊びを中心とした保育内容と保育者の意図が含まれた保育の展開がなされているかがつねに問われています。

ところが、この遊びを中心とした教育が幼児教育関係者以外の人々に理解されているのでしょうか。同じ学校教育の枠にある小学校以上の教育とは少なからず似て非なるところが理解されず、巷でいわゆる学級崩壊の要因が保育所、幼稚園にあるかのごとき流布がなされています。しかし、保育所、幼稚園は、小学校教育と同様に教育課程や日々の指導計画をしっかりもっています。学級崩壊の要因が保育所や幼稚園にあるか否かは別としても、こうした幼児期の保育内容の構造や展開が多くの人々に理解されていないのかも知れません。

本章では、現代の保育内容に至った歴史的な変遷を通して幼児期の保育内容の構造とその展開について考えてみたいと思います。

> フレーベル主義から生活主義へ

日本における幼稚園は，1876年に東京女子高等師範学校（お茶の水女子大学の前身）の校内に附属幼稚園として最初の運営が始まりました。附属幼稚園における教育内容は，「恩物」を中心とした**フレーベル式**（フレーベル主義）**幼稚園**を引き写すかたちで行われ，きわめて保育者からの指導性が強く，園児もエリート階級の子弟子女が多くを占め，礼儀作法とともに「読み方，書き方，数え方」に重点がおかれていました。

当時，新しく幼稚園が創設される場合，モデルとなったのがこの附属幼稚園で，このフレーベル式が日本における最初の保育内容（当時は保育科目）として位置づけられ，カリキュラムに関わるガイドラインとして大きな役割を果たしていたといえます。こうした状況は，1899年に文部省令「**幼稚園保育及設備規定**」が制定され，保育科目が遊嬉，唱歌，談話，手技の4項目が発表されるまで続きます。その後，観察が加わり，保育の基本5項目とよばれました。こうした保育科目は，フレーベル式だけでなく小学校教育を意識したものだったのですが，保育項目「手技」がフレーベル式における「恩物」の中心命題であったことでフレーベル式の保育の影響は強く残っていきました。また，当時の幼稚園の日課は，談話の時間，唱歌の間，遊戯の時間などと，小学校の時間割と同様に，およそ30分区切りに設定されていたのです。

しかし，全国に幼稚園数が拡大していくとともにフレーベル式の保育内容や日課（カリキュラム）に疑問をもつ人々も増えてきました。そのなかでも，特にフレーベル主義の保育を教条主義的（フレーベリアン・オルソドキシー）とよんで，取り扱い方法が厳密に決められていた「恩物」を「棚からおろし，全部をごちゃまぜ

にして，ただの積み木にしてしまった」という**倉橋惣三**（1882-1955）の逸話はよく知られています。倉橋は，当時（1917年）東京女子高等師範学校の教授であり，同時に附属幼稚園の主事でもあったのです。この倉橋のフレーベル批判は，フレーベル主義の先達であるアメリカにおいて，キルパトリック（1874-1952）が『フレーベル幼稚園原理の批判的検証』（1916年）を発表し，フレーベル主義が衰退し進歩主義が台頭した時期と呼応しています。

　倉橋の保育思想は，一言でいうならば「**生活主義**」といえます。彼は，「子どもの生活をその具体的な生活を十分に営ませることによって，より高い生活に導く」として，学校の形態としての枠を外し「幼児のさながらの生活」から教育を始めることを提起し，生活主義の保育として全国に拡がっていきます。その保育内容の中心は，**遊び**を主体としたものであり，一人ひとりの子どもの遊びが充実するように保育者が「教える」のではなく，子どもの要望があれば「指導」するとしたのです。しかし，保育の展開としては，子どもの「さながらの生活」なのですが，子どもを自由に放っておくのではなく，「何かしら子どもの生活にまとまりを与えるようなものを用意しておく」として，子どもたちの遊びにまとまりをもたせ，遊びと指導が発展的に展開するように総合的な保育内容の構成を考え，その具体化として『**系統的な保育案**』（1935年）を上梓しています。このことは，日本における幼児期の保育内容の構造化は倉橋によって始まったと考えてよいのではないでしょうか。

| 生活主義から教科主義的な保育内容へ |

日本の幼稚園は，倉橋らの尽力で子どもの生活を中心とした新たな保育展開が定着しかけていたのですが，戦争によって1944年幼稚園廃止令でいったん中断を余儀なくされます。しかし，戦争による孤児の出現で子どもたちの生活が荒れて不安定になり，閉鎖していた幼稚園が次々と自力で開園していきます。しかし，当時の日本は，第二次世界大戦後の連合国による支配下にあり，まったく新しい体制のもとで新しい学校教育が始まることになります。まず，1947年に**学校教育法**が成立し，その1条に「学校とは，小学校，中学校，高等学校，大学，及び幼稚園とする」となり，幼稚園は学校としてはじめて認められることになります。ところが，同じ時期に成立した**児童福祉法**のなかに保育所が新たに位置づけられ，幼児教育の世界が二極化することにもなったのです。

学校教育の枠内に幼稚園が位置づけられたとき，幼稚園は学校という意識もなく，子どもの約20%が幼稚園，保育所には7%弱，家庭が70%強という状況でした。そのなかにあって，新しい幼児期の保育内容を意味づけるものとして「**保育要領**」が1948年に示されたのです。保育要領は，保育所，幼稚園はもとより，家庭にも子育ての手がかりにしてほしいというものでした。

この保育要領は，当時のGHQ（連合国軍総司令部）の民間情報局（CIE：Civil Information and Education Section）の係官であったヘファナン（1896-1987）の指導のもとで作成されたものです。彼女はアメリカのオハイオ州の幼稚園カリキュラムを示し，それを日本側の幼稚園検討委員会が受け入れ，日本の生活に当てはめながらガイドラインとしたものでした。ヘファナンの示した保育

1 保育内容論の歴史的系譜

内容は、園のなかでどのようなことが生じ、どのように子どもたちと保育者が生活を営むべきかを示し、1日を特定の活動に時間を細かく分けて日課を決めることはしないというものでした。この保育の内容は、戦前の保育項目とはまったく違った構成でしたが、倉橋の提起した生活主義と一致するところも多く、しかも、小学校の教科授業と一線を画すことで、倉橋をはじめ多くの幼児教育関係者に喜んで受け入れられたようです。

ところが、日本が1951年に講和条約を締結することで、教育界も自立をめざして幼稚園から高等学校までを見通した「学校教育」としての一貫性を構想するようになります。具体的には、義務教育の充実を柱とした中央教育審議会が発足（1952年）し、小学校以上のガイドラインであった「学習指導要領」の改訂が検討され、幼稚園教育に対しても小学校教育への準備教育という考えを強く求められたのです。つまり、小学校の「学習指導要領」と同様に幼稚園版の教育課程を作成する必要を強く問われたのです。その結果、小学校以上のような国の基準という法的位置づけはなかったけれども、1956年に「保育要領」から試行的に「**幼稚園教育要領**」が刊行されることになりました。

このとき、小学校以上と同様に「幼稚園学習指導要領」という名称にするべきという意見もありました。しかし、幼児期は一人ひとりの発達が違い、発達の段階としてまとまったかたちの発達を示す時期ではなく、子どもの自然な生活を中心とした保育内容とすべきなので「学習指導要領」ではなく「教育要領」という名称に落ち着いたようです。

しかし、その保育内容は、倉橋、ヘファナンと受け継いできた子どもたちの自然な生活を中心とした生活主義は維持されたので

すが、「望ましい経験」として子どもたちの楽しい園生活が羅列的に並べられていた保育内容が、新しい幼稚園教育要領では六つの「**領域**」（健康，社会，自然，言語，絵画製作，音楽リズム）にまとめられたのです。新たに設定された領域は、個々の項目には「……をさせる」とか「……がわかるようにする」など保育者主導の表現が増えたことにより、保育内容が小学校の教科学習の内容を窺わせるものになっていきました。

　領域の誕生は、保育者のなかに小学校との連携の意識を強く生まれさせ、領域別に教えるという楽しさを覚え、小学校教育における学習活動と似た保育活動を生み出す源泉となっていきました。さらに、この6領域が示されたことは、倉橋が提起したさまざまな生活や遊びから保育内容を構成し、主題活動へと誘導する保育を薄れさせ、領域を教科としてみなし、子どもたちを知識や技能の習得する活動へと導くことが始まったのです。つまり、一見、生活主義を装いながらも教育の目的や目標が重視されるようになっていき、望ましい経験として子どもたちの遊びや生活が網羅された保育内容を6領域に集約することで、従来の生活主義的な保育内容の構造が小学校教育における**教科的な構造**へと転換しはじめたのです。

2　現代の保育内容

教科主義から活動主義へ

　おりしも、経済成長時代の始まりを迎え、保育所・幼稚園も増加し、幼児期の教育が注目されはじめます。この流れは、知

図 8-1 幼稚園教育内容の変遷

1899年6月
幼稚園保育及設備規定(省令)
・保育4項目
1. 遊 嬉
2. 唱 歌
3. 談 話
4. 手 技

1926年4月
幼稚園令(勅令)
・「観察」および「等」が新たに加わる。
・保育5項目
1. 遊 嬉
2. 唱 歌
3. 観 察
4. 談 話
5. 手 技
　　　　等

1948年8月
保育要領(刊行)
・楽しい幼児の経験
・幼稚園、保育所、家庭における幼児教育の手引きとして刊行。
・1950年12月9日省令改正により教育課程の基準とする。
1. 見 学
2. リズム
3. 休 息
4. 自由遊び
5. 音 楽
6. お 話
7. 絵 画
8. 製 作
9. 自然観察
10. ごっこ遊び　劇遊び　人形芝居
11. 健康教育
12. 年中行事

1956年2月
幼稚園教育要領(刊行)
・6領域
1. 健 康
2. 社 会
3. 自 然
4. 言 語
5. 絵画製作
6. 音楽リズム
・「望ましい経験」を各領域に即して示した。
・小学校教育との一貫性をもたせるようにした。
・目標を具体化し、指導計画作成のうえに役立つようにした。

1964年3月
幼稚園教育要領(告示)
・6領域
1. 健 康
2. 社 会
3. 自 然
4. 言 語
5. 絵画製作
6. 音楽リズム
・幼稚園修了までに指導することが「望ましいねらい」を各領域ごとに事項として示した。
・幼児の具体的、総合的な「経験や活動」を通して達成されるものである。

1989年3月
幼稚園教育要領(告示)
・5領域
1. 健 康
2. 人間関係
3. 環 境
4. 言 葉
5. 表 現
・幼稚園教育の基本を環境を通して行うことを明確化。
・幼稚園修了までに育つことが期待される心情、意欲、態度などを「ねらい」とし、ねらいを達成するために指導する事項を「内容」とした。

1998年12月
幼稚園教育要領(告示)
・5領域(継承・発展・充実)
1. 健 康
2. 人間関係
3. 環 境
4. 言 葉
5. 表 現
・計画的に環境の構成をすること。
・教師の役割を果たすこと。

識や技能を早い段階から教えていく幼稚園を生み出し，そのことが早期の教育へと連動していくことにもなりました。保育展開においても，あらかじめ保育者の側が保育内容を選択，配列することで単一の主題活動が重視され，その活動に発達を加味することで小学校の学習内容までも先取りする一部の幼稚園も出現するようにもなってきました。

　こうした状況に対して，心ある幼児教育者は従来の子どもの自然な生活を中心とした保育内容に戻すべきであると主張し，特に，領域を教科的な捉え方をすることに批判が集中するようになっていきました。また，巷でも早期の受験教育や小学校の学習内容の先取りなど，幼稚園・保育所の教育過熱に対する保育内容に批判も多く出るようになってきました。

　そこで，文部省では教育課程審議会に「幼稚園教育要領の改善」について諮問しました (1962年)。その主たる目的は，高度成長とともに幼稚園に通う就学前の幼児が増加したことに対する責任として，試行的に示された「幼稚園教育要領」(1956年)を法的根拠をもった告示行為に転換することでした。しかし同時に，当時の幼稚園関係者をはじめ多くの保護者をも悩ませていた幼児教育の保育内容のあり方も検討することだったのです。そのことは，教育課程審議会答申のなかの「一部に，幼児の知識や技術の習得に偏した教育を行っている幼稚園が見られる」という指摘からもわかります。文部省では，この審議会の答申を受けて，1964年3月国の基準として初めての**「幼稚園教育要領」**を告示したのです。

　しかし，その内容は，残念ながら1956年版と大きな変わりはありませんでした。ただし，「領域と教科」の区別については，丁寧に説明しています。例えば，教科とは「国語・算数・社会・理科

など学校で児童生徒に授ける教育内容の単位で，それぞれ教材の特性に応じて分類され，発展的・系統的に分けられているもの」とし，領域とは「子どもたちが望ましいと思われるさまざまの経験や活動があって，それらの経験や活動を通じて幼児が刺激され，誘発され，気づき，習得されると思われる『ねらい』をまとめたものにつけた名称にすぎない」と説明したのです。さらに，1956年版では「望ましい経験」として具体的な保育内容を示した部分を「指導することが望ましいねらい」と表現を変え，各領域の内容の分野・項目ともに減らし，内容面でも「……に興味を持つ」「……を楽しむ」など心情・態度面に配慮した表現が多用されました。

ところが，その指導に当たっては「望ましい幼児の経験や活動を適切に配列して……これを実施しなければならない」とされ，保育者がねらいを達成するために子どもたちの経験や活動を配列することによる保育内容は継承されたのです。そのため，教科主義からは脱却したものの子どもが選ぶ楽しい経験や活動よりも，従来通りの「ねらい」や「目標」中心の保育者主導型の保育内容の展開は継続されることになりました。したがって，鬼遊びなども，3歳児の鬼遊び，4歳児の鬼遊び，5歳児はこの段階までの発展的な鬼遊びの内容が必要として，子どもたちの鬼遊びの水準があらかじめ決められ，保育者の側で選択，配列された内容が質的・構造的に系統化されていったのです。このことは，当時の文部省による指導書に「教師は，指導の計画を立案し，望ましい経験の組織を構成する必要がある」という表現からも読み取れます。

つまり，望ましい活動として領域ごとの教育目標や内容はそのままになったことで，実質的には領域ごとに指導する考え方が残

ってしまったのです。その結果，保育内容が一つの単元，一つの主題活動へと導かれ，保育展開も集団としてのまとまりを大切にした，いわゆる一斉保育よる活動主義が広がっていきました。

子どもが生み出す活動へ

その後，さらに高度経済成長時代を迎えて経済的に豊かになり，経済が教育を追い越してしまったのです。その豊かさで，保護者のなかには「近くの幼稚園へ行かなくても，遠くてもよい幼稚園へ行った方がいいのではないか」という意識が生まれはじめました。

小学校以上では，第3回の学習指導要領の改訂（1970年）が行われ，いわゆる「科学の基本」が取り上げられ，才能開発をめざした英才教育をイメージさせる「螺旋型の教育論」が打ち出されたのです。それは，子どもにとってどんな難しい内容でも，幼い時期から螺旋的・系統的にすれば容易に学ぶことができるという考えです。その結果，ふたたび教科的な要素を先取りし，子どもを効率よく育てるというさまざまな保育所・幼稚園が出現していました。

それに対して，一部の保育者は，この保育の展開はおかしい，「教育要領」を改訂すべきであるという意見も多くあったのですが，1964年以来25年間も変わらなかったのです。しかし，心ある保育者は一人ひとりに対応していかなければならないと考え，一人ひとりの子どもたちのよさを生かし，子どもの思いを大切にした保育を実践していました。つまり，物質的には豊かになったけれども，精神的には貧しい部分がかなり残っていることがみえ，教育をもっと深く掘り下げて質的に変容した保育内容を展開しな

ければならないのではないかと考えられはじめたのです。

こうした動きに呼応して、「**幼稚園教育要領に関する調査研究協力者会議**」（文部省，1984年）が発足し、保育内容を中心に全国規模の調査を行っています。その報告書によると「一部の幼稚園では、本来の幼稚園教育の在り方からみて適切とはいえない教育が行われている実態がある」と指摘しています。さらに、文字や数量の扱いが小学校における授業と同じ形式の指導を行っており、それは幼稚園教育が基本とする生活主義と相容れないものだと指摘したのです。つまり、知識・技能中心の教科主義に強い警告を表明したのです。

この調査は、1989年、25年ぶりの「**幼稚園教育要領**」の改訂に繋がっていきました。改訂の基本は、それまでの教科的な教育ではなく、一人ひとりのよさと可能性を大切にすることでした。さらに、幼稚園教育は「環境を通して教育を行うことを基本とする」として、子どもたちにとってふさわしい生活を保育の基本においたのです。保育内容としては「幼稚園修了までに育つことが期待される心情、意欲、態度」が示され、領域も6領域から5領域（健康、人間関係、環境、言葉、表現）に改訂されました。

新たな領域は、子どもたちの発達の窓口と位置づけ、発達は総合的にしか捉えられないが、あえて幼児の発達を細分化するならば、この5つの窓口からみられるかもしれないとしたのです。そのため、それぞれの領域は「ねらい」と「内容」で構成されていますが、従来（1964年版）に比べると大綱化され、具体的な活動や獲得すべき知識・技能を示すことなく、「気づき」「意欲」「興味・関心」という情意的な項目で構成されています。また、指導に当たっては、1964年の「教育要領」に「教師が活動を選択して配列

する」ものと示されたことに対して，1989年の「教育要領」では「幼児が自ら意欲をもって環境にかかわることによりつくり出される具体的な活動を通して，その目標の達成を図るものである」と改められました。つまり，保育の内容や展開は，保育者主導の活動から子どもの環境と関わって生み出される活動へと転換されたのです。

3 保育内容の構造

子どもの主体性と保育者の意図性

ところが，実践者のなかに「一人ひとりが大切にされること」と「意図的な教育」の間にいつのまにか溝ができてきたのです。つまり，幼稚園における**意図的教育**の「意図」は，すべて幼児の側にあるという考えのもとに保育が展開されはじめたのです。具体的には，環境の構成をはじめ，保育の始めから終わりまですべて子どもが意図をもっており，保育者はそれを援助することだという主張です。時に，このような状況は存在するし，そのような偶然から生まれる保育の展開も大切です。しかし，実践の場では，「保育者は指導してはいけない」「……しなさい，など指示・命令をしてはいけない」などの理解が広まり，保育者の混乱と放任が蔓延することになりました。

幼稚園が学校教育法のもとにある限り，子どもに意図的教育を施すことは自明のことです。文部省では，「時代の変化に対応した今後の幼稚園教育の在り方」について報告書（1997年）をまとめ，そのなかで「未だ環境の構成や教師の役割などについて共通理解

が不十分な点が見られる状況があり，現行幼稚園教育の趣旨をよりよく実現していくための改善が求められている」と指摘しました。その結果，小学校以上の「学習指導要領」の改訂に合わせて，1998年の12月，1989年の「教育要領」を継承・充実・発展させた幼稚園教育要領を告示しました。この「教育要領」は，全体の構成や領域などは1989年の「教育要領」を継承し，幼稚園の基本を実現する際に「幼児の主体的な活動が確保されるよう幼児一人一人の行動の理解と予想に基づき，計画的に環境を構成しなければならない。この場合において，教師は，幼児と人やものとのかかわりが重要であることを踏まえ，物的・空間的環境を構成しなければならない。また，教師は，幼児一人一人の活動の場面に応じて，様々な役割を果たし，その活動を豊かにしなければならない」としたのです。

この指摘は，倉橋が子どもの生活を系統化して以来，ふたたび，幼児教育の基本を生かした保育内容の構造を考えることができるようになったのではないでしょうか。なぜなら，倉橋以来の生活主義は伝統的にそれなりに一貫した流れはありましたが，保育の内容は子どもの側になく，しかも保育者の指導のあり方は流動的で構造化ができなかったのです。また，構造化されたとしても，そこでは小学校以上の教科主義のうえに成り立ったもので，生活と遊びを分けた二層論や仕事を加えて三層論としたものでした。しかし，幼児教育の場では，保育実践そのものが「遊び」であり，「生活」なので，それらを分けて系統化することは困難なことでもあるし，むしろ系統化によって，遊びや生活そのものまでも駄目にしてしまうことを避けなければなりません。**保育内容の構造化**とは，保育の実践過程のなかで，子どもの主体性と保育者の意図

性をバランスよく構成することだからです。

保育の過程と保育の構造

幼児教育の場は、大きく捉えれば子どもと保育者がお互いに向き合って暮らしているようなものです。もちろん、家庭の暮らしとは違って子ども同士の集団教育の場としての暮らしです。つまり、家庭教育とは異なった教育的意図を含んだ場としての遊びであり、生活です。その命題を解くには、幼児期の発達の特性を生かした「遊びの生活化」であり、子どもにとっては「自由感に溢れた教育的意図」の一杯詰まった保育内容でなければなりません。

したがって、保育内容の構造化とは、長期間にわたる子どもたちの遊びの過程を保育者との関わり別に分析し、その関連を検討しながら保育計画を立てることを意味します。したがって、保育の構造を明らかにするには、保育の過程における子どもたちの遊びと保育者の関わりについて考えてみる必要があります。つまり、幼児教育の場で繰り広げられる子どもたちの遊びは、保育者が付与したものか否か、子どもの感情面からして、目的的なものなのか、手段的なものなのか、という二つの軸の組み合わせから考えてみたいのです。すると、次のような四つの保育の構造が形式論理的に生まれます（表8-1参照）。

第1は、**付与的―目的的**という類型です。ここでは、保育者の意図する環境の構成を、あたかも自分が選択して取り組んだ遊びのように没頭していることをみることができ、子ども中心の構造をもっているといえるでしょう。

第2は、**付与的―手段的**という類型です。ここでは、子どもの意

表8-1 保育の構造

	付与的	非付与的
目的的な遊び	子ども中心保育	放任な保育
手段的な遊び	教科学習的保育	オープン保育

思と無関係に、保育者の計画した目的を達成するために、子どもたちを方向づけ望ましい経験をさせるように導くという意味で、教科的な構造をもった保育とよぶことができるのではないでしょうか。

第3は、**非付与的―目的的**という類型です。ここでの遊びは、子どもたちにとって、まさに遊びそのものが目的です。この自由な遊びにも学習の芽はありますが、それは遊びの結果から生まれるので保育者の意図はないことが多く、放任的な構造になりがちです。

第4は、**非付与的―手段的**という類型です。一般的にオープン保育とよばれ、子どもたちが遊びを選択するのですが、その遊びが手段的だとすれば遊びの場や内容は保育者の制限が強くかかった保育へと移行することになりがちな保育の構造をもっています。

しかし、ここに示した四つの保育類型は、どれが正しい構造で、どれが誤っている構造というものではありません。幼児教育にとっては、いずれも必要な保育の構造類型です。ここで大切なことは、子どもたち一人ひとりが豊かになるために、子どもたちの生活に即しながら、子どもにとって最もふさわしい保育の内容と構造類型は何かを考えることです。つまり、保育内容の構造化とは、保育過程のなかで、子どもにとってふさわしい保育内容を選択する**実践過程**といってもよいでしょう。

例えば，4歳児6月の暮らしから考えてみましょう。まず，4歳児6月の暮らしとしてどんな生活がふさわしいかを日々の子どもたちの生活実態から暮らしを仮説し，計画を立てます。そこからいくつかの活動を想定し，その時期のねらいや内容と併せながら保育者の指導と幼児の主体的な活動が促されるような具体的な環境の構成を考えます。また，ある時は，具体的ではないけれども子どもの日々の暮らしから想定できる事前の心構えに似たある種の状況を想定することもあるでしょう。保育者は，仮説・仮定した一人ひとりの子どもの実態から準備できる教材観，指導観を想定した保育の構造をも心のポケットに入れ，子どもの前に立つことになります。

　子どもたちは，自分の期待する生活ができると勇んで園にやってきます。一人でやってきたり，友達と一緒だったりでしょうが，クラスに向かう道筋の園庭や保育室の環境を無意識にみることになります。そこで，子どもの願いと保育者の願いとが一致する場合もあれば，しないこともあります。一致していなければ，その環境の構成や保育の構造は捨て去ることも大切です。しかし，子どもの姿から環境再構成への願いはつねにもち続けなければなりません。保育とは1日のなかだけでなく1年中，保育者の願いと子どもの願いのズレが小さかったり，大きかったりの繰り返しですが，小さいとか大きいとかが問題ではないのです。ただ，ただ，子どもの願いと保育者の願いがぶつかり合いながら日常の暮らしが存在することを直視するしかないのが保育なのです。特に保育が展開され始めるとズレが気になるでしょうが，保育が展開されている間は，ズレはズレとして受け止めながら，子ども一人ひとりの活動のなかに何が育っているのかを懸命に子どもと同じ時間

の流れのなかで見続けることです。その時大切なことは、子どもが心から解放され、自由感に溢れているか否かを見極めることです。

　もし、少しでも窮屈な思いで過ごしているならば、また、豊かな暮らしができていないならば、事前にポケットに入れていたもの(指導)を取り出さなければなりません。より楽しくなる暮らしはもちろん、時に暮らしがでたらめで子ども同士も自由感がもてなく、ましてやこの時期のねらいや内容とはほど遠い生活をしていれば、「止める・止めさせる」など厳しい切断的な指導をすることも保育者の役割です。また、ポケットから準備したものをいつ出すか、出さないままに子どもの生活を続けさせるかを判断することは、大きな保育者の役割といえます。ここに、**保育者の意図性**と幼児の**主体性**との葛藤が存在することになり、そのことが保育の構造化の善し悪しにつながっているのです。この点を、いま少し角度の違った実践例を通して深めてみたいと思います。

4 教育課程と保育実践

「育つことへの働きかけ」の実践から

　一人ひとりの子どもを大切にし、彼らの遊びを見守り、発達を援助する保育を行いたいとの思いは、保育者の誰もがもっています。子どもの興味や関心を無視して、一方的に活動や課題を押しつける保育がよい保育だと考える保育者もいないでしょう。ところが、結果的には、そのような保育になってしまうことがないとはいえないのも現実でしょう。それは、子どもの成長や発達

をより豊かにしたいという保育者の願いが、ともすると無理な課題への押しつけになったり、指導のしすぎの保育に陥ることがあるからです。また、保育計画にとらわれて、子どもたちにとっては、保育者の指示に従う活動でしかない場合もあるからでしょう。その様子は、**指導と援助の狭間**で保育者の心が揺れ動いていることを強く感じざるをえません。

そこで、保育者の指導と援助の狭間にあるものは何かを中心に「環境を通して行う教育」という保育の基本理念とも絡めながら、保育の方法や構造について実践を通して考えてみましょう。

一人ひとりを大切にする保育とは、子どもにとっての教育の目的を実現することにほかなりません。言い換えるなら、保育を子どもの側から規定していこう、より大胆にいうなら保育を子ども自身の行動のなかに内在させようということです。つまり、「子どもの自主性の発達を援助する保育」とは、幼稚園、保育所において子どもの自発的で自由な遊び、もしくは生活を、保育者が保障し、それを援助するということになります。では、その保育の具体的な展開は、子どもたちをただ自由に遊ばせておけば、子どもは「育つ」のだという取組みでよいのでしょうか。子どもたちの自由な遊びというと、しばしば見受けられるのが、子どもを放任しておいて、保育者が傍観者的になったり、何をしているのかの確認や安全管理のみに意を用いる楽観論的保育です。例えば、子どもの自主性を大切にするという実際例として、次のような遊び場面を想定しがちです。

「子どもたちが鉄棒のまわりに集まり、それぞれが楽しそうに鉄棒を使って遊んでいる。そのなかの一人がポツンと何もしないで立っています。その時、保育者は『この子は、いま鉄棒をやり

たいという意欲がないのだから無理に誘う必要がない』として，保育行動としての具体的な指導はなされない」。

やりたがらなければ，放っておけばよいというのは，従来から批判の多かった指導過剰な保育への反省から生じたのでしょう。この場合，子どもの「そこで何もしたくない」という行動に対して無理をさせるのは指導意識の過剰です。といって「やろうとする意欲がないのだから無理に誘う必要はない」ということを判断基準として「まあ，いいや」と放任しておくのは，「子どもは生かされているか」もしくは「保育は深まっているか」を問うとき，満足できるものとはいえません。一人の子どもが鉄棒の側で何もしないとき，保育者のほとんど無意識に近い自然な反応は「なぜ？」のはずです。この自然な関わり方を保育の足がかりとして，子どもに一歩近づいてみることでしょう。ポツンと立っている子どもがどんな感情体験をし，内面に何が育っているのかを見極めないままでの，保育の深まり，遊びの深まりはありえないからです。

大切なのは鉄棒をしたがらない子どもを「**見守る**」ということです。直接的に働きかけるよりも，「鉄棒を楽しまなくても，友だちの活動に目がいっているので問題はない」「いま，鉄棒を無理にさせると不安や負担を感じさせるかもしれない」「この子の好きな運動は鉄棒ではなくて別の運動なので，他のことでその力は十分補完できる」など別の場に判断をおいたり，内的な働きかけ方により力を注ぐことです。なぜなら，「なぜ，この子は鉄棒をするのがいやなのだろう」と真剣に考えて近づいたとしても，そのために子どもに関わりすぎると，そこに何か管理的なものを感じさせてしまい，結果として保育者の教育的な願いを押しつけること

になり、子どもの自主性の育ちを抑圧していくことへつながってしまうからです。動機は同じであっても、この二つの取組みの間には深い溝が存在しています。そして、保育展開における指導と援助の狭間にあるのも、まさに、この溝なのではないでしょうか。

いま、求められている「子どもの自主性の発達を援助する保育」の展開とは、この二つの狭間にある溝を埋める「働きかけ」を具体化することを意味しているのです。なぜなら、保育の具体的な内容とは、人間として生活していくためのさまざまの力を獲得するための指導であり、援助であり、広い意味での「育つことへの働きかけ」と考えられるからです。さらにその点を推し進めるなら子どもの「**内なる環境**」を揺さぶり起こすことでしょう。そのためには、従来多かった「保育者の統制の強い保育はやめ」にし、「子ども自身が自分のことを自分でやれる『喜び』を感じる『自立への意欲』を、『育てることへの働きかけ』から『育つことへの働きかけ』として保育のどんな場面にも生かす」ということになるでしょう。

教育課程と保育の展開

従来、子どもの活動に対して与えられた「自主性」は、保育者のもつ文化的枠づけや価値づけから支えられていたのです。「育てることへの働きかけ」を基盤とする保育だったからです。しかし、いま求められている保育の基本理念は「育てることへの働きかけ」ではなく「育つことへの働きかけ」への転換です。当然のことですが、その基本理念の転換は、教育課程とその展開や保育構造の選択にも求められています。

この変化は、保育内容の考え方が「**知識化**」から「**人間化**」へ、

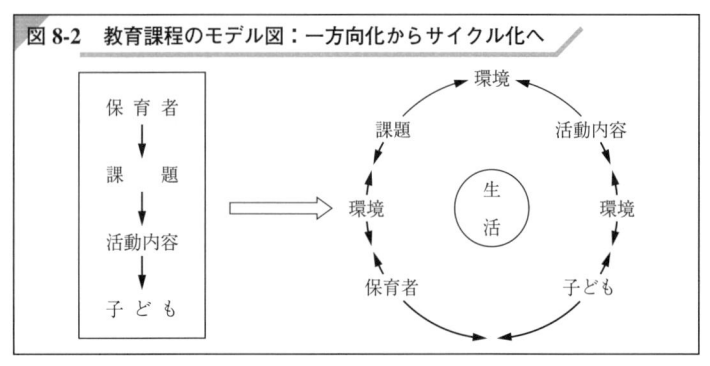

図8-2　教育課程のモデル図：一方向化からサイクル化へ

（左図）保育者 → 課題 → 活動内容 → 子ども

（右図）環境・課題・活動内容・環境・子ども・保育者・環境を円環状に配置し、中心に「生活」

つまり保育者の手から子どもの手に移行したといえます。また，その内容の生かし方は，まず，保育者がねらいや内容にふさわしい教育課程を踏まえた「**環境の構成**」をすることが大切であることが強調されています。保育者が構成した環境に，まず子どもたちが関わることで，子どもの主体性を十分発揮させながら子ども自身の手で「ねらい」をも深めようと考えているのです。もちろん，この前提として保育者と子ども，子どもと子どもの情緒的安定を含めた人間関係がしっかり高められていることが必要です。こうした活動とその展開の変化を，モデル図として考えるならば次のように示されるのではないでしょうか。つまり，保育者主導の「**一方向化**」から保育者と子どもが創る生活のなかから多様な保育構造類型が許される「**サイクル化**」への転換です（図8-2参照）。

このモデル図を見ると，保育の計画など必要でなく「たんに子どもたちを環境に放り込み，子どもたちの育ちにまかせればよい」という安易な保育観が浮上しかねないのですが，ここで大切なのは，保育者の「働きかけ」と保育の計画を立てるための教育課程です。子どもたちが意欲をもって環境に向かっているときは，

子どもたちにまかせるのですが、先のところでも指摘したように、子どもが探索活動を十分に行わず、立ち止まったり悩んでいればなぜだろうと考え、環境との関係を再構成したり、保育者と子ども、子どもと子どもの人間関係の見直しとか、物との関係・人との関係の働きかけを子どもの発達の過程にまで求め、さまざまに工夫しなおすことが必要なのです。そのためには、一人ひとりの子どもが生活する姿、ある程度の発達の大まかな道筋の見通しが必要になり、そこに教育課程が意味をもつことになるのです。

子ども一人ひとりの生活に対応した教育課程や保育計画というと、一人ひとりに対して計画しなければならないと誤解されそうですが、幼稚園、保育所は集団を対象にした意図的教育の営みが行われているところです。したがって、個人的プログラムだけでは保育は成立しないのです。ある意味で、仮説的ですが、子どもたちの姿の**共通理解に対応した教育課程**が必要なのです。ただしそれは、保育者と子ども・子どもと子どもの人間関係の関わり方や子どもの基本的な育ちの姿を、子どもの生活の過程として見通した仮説として組み立てられることが求められているのです。

こうした教育課程を作成するには、子どもの生活の実態に応じた具体的なねらいや内容を明確にする必要があります。そのとき基礎資料のために、子どもの発達過程と指導過程を構造化する必要があります。そこで、この二つの過程を軸にして、教育課程を構造的に考えてみると、図8-3のようになります。

いま、最も求められる教育課程は、子どもの「主体性」と保育者の「援助」に囲まれた**「子ども中心の教育課程」**といえます。しかし、子どもの発達の過程や構造化による具体的な保育内容項目は、幼稚園、保育所の実情によってさまざまであり、時期や期間

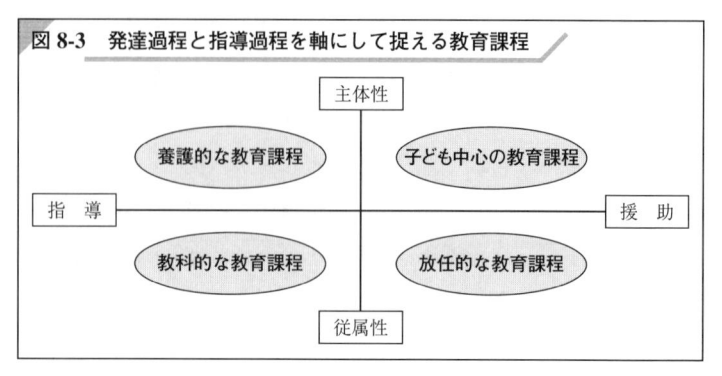

図 8-3 発達過程と指導過程を軸にして捉える教育課程

```
              主体性
                │
  養護的な教育課程 │ 子ども中心の教育課程
                │
指導 ───────────┼─────────── 援助
                │
  教科的な教育課程 │ 放任な教育課程
                │
              従属性
```

も決まっているものではないことはいうまでもありません。その際，特に気をつけたいのは，子どもの発達過程を発達段階と捉え，日々の指導の積み重ねがなくても，この時期になれば「できる」段階だと錯覚することです。保育の展開や保育構造の選択には，子どもの生活に長期と短期の見通しをもって，つねに子どもの心の流れに沿ったうえでの教育課程であり指導計画であってほしいものです。そのために，銘記しておきたいことは，同年齢の子どもを一定の到達度に向けて，同一の展開方法で指導しようとしないこと，保育内容の構造化には経験や活動の順序性を一律に示すことをしないことの二点ではないでしょうか。

5 幼児期から児童期への教育

「不定型的な教育」と「定型的な教育」

幼稚園・保育所を修了した6歳児は，必然的に小学校の1年に入学するという教育制度のもとでは，幼児教育と小学校教育とが，一人の子どものなかで否応なく連続しています。しかし，

教育を受ける側，つまり子どものなかでは発達の過程として繋がっているはずのものが，教育をする側，すなわち幼稚園，保育所や小学校の側からは，必ずしもつねに一貫，連続したものとみなされていなかったのではないでしょうか。

現在の教育課程改訂に当たった教育審議会において座長を務めた三浦朱門氏（元・文化庁長官）が，「小学校教育は定型的な教育として位置づけられるけれども，幼稚園教育は不定型的な要素が強い教育なので大変でしょうね」と言われたことがあります。

雑談中のお話だったので何気なく聴いていたのですが，あらためて幼稚園教育の歴史を振り返ってみるとき，そのことが大変造詣の深い指摘であることに気づきます。ご承知の通り，現行の教育要領において幼稚園教育の基本が「環境を通して行う教育である」と示されました。この基本理念のルーツは，学校教育法77条に規定されている幼稚園教育の目的の項の「幼児を保育し，適当な環境を与えて，その心身の発達を助長すること」という一文にあるといわれています。

ここでは，その文中の「適当な環境を与えて」に注目してみたいのです。教育的観点から考えれば「適切な環境を与えて」ではないか，教育の場に「適当な」という文言はふさわしくないと考えたくなるところです。ところが，この文言が議論された当時（1947年）の文部省学校教育局初等教育課長であった坂元彦太郎氏によると，たしかに「適当な」と「適切な」ということで真剣に議論され，最終的に「適当な」という言葉が最も幼児期の発達の特性を踏まえ，幼児教育の特質を現しているとして意図的に使用されたという逸話があったのです。つまり，学校教育の体系のなかに幼稚園を位置づけるとともに，「適当な」から「適切な」へ

と教育環境を繋ぐことが幼児教育と小学校教育への連続性を生かすことになると考えられたのです。「適当な環境を与えて」のもつ意味は，幼児期の発達の特性である一人ひとりの可塑性を受容し，好奇心に溢れた一人ひとりの心情や意欲・態度を生かすという**不定型な要素を含んだ教育方法**こそが幼児教育にふさわしいのだという強い意志があったということになるのではないでしょうか。

　幼児教育の基本である「**環境を通して行われる教育**」の背景にある「不定型さ」のもつ重みは，幼児教育にとって重要なものとなると同時に，定型的教育を主流とする小学校教育への連続性を考える鍵ともなるものだったのです。小学校教育における「生活科」の登場が幼稚園と小学校を繋ぐものといわれているのは，その教育方法が不定型的な要素と定型的な要素が絡み合った部分が多いことから理解できます。

「幼児期」と「学童期」

　ある園長先生が「卒園式で『幼稚園では本当にたくさん遊ばせていただきました。小学校に行ったら，これじゃいけないですから』と言われ，幼稚園だってただ遊ばせているわけではなく，人間が生きるうえで必要な知恵や経験が積み重ねられているのに，悔しい思いをしました」と，保護者に幼児教育が誤解されていることへの難しさを語ってくれました。このエピソードは，幼児教育の不定型さの重さこそが定型的な小学校教育への連続性を支えるものであることが保護者に伝わっていないことを示していると同時に，二つの間に大きな距離があることへの危惧を感じます。

　本来，人間の生活や発達は，周囲の環境と相互に関わり合うことによって行われるものであり，そのことを切り離して考えるこ

とはできません。特に、幼児期は心身の発達が著しく、環境からの影響を強く受ける時期でもあります。したがって、この時期にどのような環境のもとで生活し、その環境とどのように関わったかが将来にわたる発達や人間としての生き方に重要な意味をもつことになります。同時に、幼児期は保育者から教えられたことをそのまま学ぶことによって育つ時期ではありません。この時期は、遊びを通して子どもが周囲の環境と主体的に関わることにより、さまざまなことを自分から積極的に学びとっていく時期です。幼児期のこうした特性を考えると、幼稚園、保育所における教育のあり方は、小学校以上とは教育の方法が異なってくることになります。しかし、当然のことながら幼稚園は意図的な教育を行うことを目的とする学校です。したがって、幼児教育においては、その目的や目標が有効に達成されるように、幼児の発達や生活の実情に即して各々の時期に必要な保育内容を明らかにして、それらが生活を通して、子どものなかに育てられるように計画性をもった適切な教育が行われなければなりません。

ところが、先のエピソードのように幼児教育の遊びのもつ不定型さにのみ眼がいき、その遊びの背景にある一人ひとりの豊かな主体性や保育者の意図性がみえなくて、たんに遊ばせているだけであるようにみて、小学校教育との距離を広げているようにも感じられます。このことには、従来、往々にしてみられたような幼稚園、保育所と小学校のセクト的対立や、受験を念頭においた能率主義に陥った立場からの連続性の強調などの、子ども一人ひとりの現実的な成長と無関係とまではいわないまでも、いくぶん歪曲された見方が支配的であったことが考えられます。いま、必要なことは、幼児期から学童期にかけての発達的特性をできるだけ

客観的に捉えると同時に、幼児期と学童期を、一人ひとりの人間としてどう生きることが最も充実した生き方になるのかという角度から考えなければならない時期にきています。

したがって、幼稚園・保育所でいくらか教えておいた方がよいかどうかというようなかたちで、幼児期の教育効果が小学校での学習活動にどんなかたちで表れるかといった直線的なものさしで安易に連続性を考えるべきではないことはいうまでもありません。幼児期を幼児期として充実させることが、学童期を学童期として充実させることになります。一人の幼児のなかで、何が連続していくものであり、何が段階的に脱皮していくものであるのか、こうした要素について客観的な眼で検討してみることが必要になってきているのです。

そのためにも幼児教育の専門家として、「一人ひとりの子どものよさを生かし、その子らしさを発揮し『学ぶ楽しさ』に溢れる、子どもの側に立った『学びの基盤』づくりとしての教育をいたします。そのことは、小学校教育へと連続しているのです。ただし、早期受験教育はやっておりません」と言える力をもつべきでしょう。

「学びの基盤」という言葉に、多くの人はあることを想起するようです。別の言葉を使えば、ドリル学習などに代表される早期受験教育であり、小学校教育へと直結しているとの錯覚です。学びの基盤的教育と早期受験教育とはまるで違うものなのですが、二つが混同されて「学ぶ」という言葉に誤解が生まれ、学習の基礎基本へも偏見を来しているのではないでしょうか。一人ひとりの子どものよさを生かし、幼児期にふさわしい生活を通してそれぞれのもっている「その子らしさ」を切り開き、生きる力を身につ

けていくのが「**学びの基盤**」です。しかし,「学び」という語と早期の受験教育との間にある本質的な違いをつかめなかったために,さまざまな取組みが生まれ,保護者を含め幼稚園,保育所自身も混乱してきたところがあるのではないでしょうか。

　子どもたちは,遊びを通して周囲の環境や友達と関わり,見たり,触ったり,感じたりすることにより,周囲の世界に好奇心や探求心を抱くようになり,ものの特性や操作の仕方,生活の仕組みや人びとの役割などに関心をもち,気づき,自分なりに考えることができるようになるのです。この「学びの基盤」から小学校教育がめざしている学びの基礎基本に繋がっていくのです。

参考図書

① 佐伯胖　2001年　『幼児教育へのいざない——円熟した保育者になるために』東京大学出版会。
　保育実践と保育理論を融合させた好著。

② 小田豊　2001年　『新しい時代を拓く幼児教育学入門——幼児期にふさわしい教育の実現を求めて』東洋館出版社。
　幼稚園教育要領の基本を通して,新しい幼児教育の方向性を示唆する。

③ 神長美津子　1998年　『保育の基本と環境の構成——指導計画の考え方・たて方』ひかりのくに。
　幼児教育における指導計画の意味と意義を実践を通して解説。

終章 子どもが幸福に育つ社会を求めて

幼児教育の現在と未来

現代の幼児教育の課題を、これまで幼児教育を推進してきた三つの系譜、すなわち幼稚園の系譜、保育所の系譜、および就学前学校の系譜に即して提示し、この三つの系譜を統合する課題を提示します。それを踏まえて、さらに、子どもの尊厳と権利を基礎とする改革の方向を探ります。

1 転換期の幼児教育

● ある1日の光景から

野口幼稚園の公開研究会

ある幼稚園の公開研究会の1日です。兵庫県加古川市立野口幼稚園では,「感性や知性をはぐくみ豊かに自己を表現する子ども」という研究主題で, 2001年11月30日に市内の幼児教育関係者を招いて**公開研究会**を開催しました。野口幼稚園では,子どもたちが「自然」と「地域」に関わり,少人数のプロジェクト活動で学び合う経験を豊かにする保育を追求してきました。この日も,地域の協力によって3種類の粘土が園庭の隅に持ち込まれ,その粘土で創作活動を行って,園庭の中心に「秋の山」を展示するプロジェクト活動が展開されました。子どもたちは, 3〜4名から6〜7名のグループでそれぞれの活動に没頭しています。素足で粘土を練っている子ども,その粘土で動物づくりに熱中する子ども,どんぐりや木片を使って山小屋をつくる子どもなど,多彩な活動が広がります。その傍らで,担任の先生は,子ども一人ひとりの活動を細かく観察し,子どもたちの活動が意味のある経験に発展するよう心配りをしています。この「秋の山」のプロジェクトには,小学校の美術の先生が協力してくれました。「幼小連携」の一つの試みです。

「秋の山」のプロジェクト活動が終わると,三つの教室に戻り先生のピアノで「リトミック」の表現活動へと移りました。このリトミックの活動のなかにも「秋の山」の主題による表現が子どものなかから生まれてきます。リトミックが終わると,隣接する小

学校の体育館に場所を移して、子どもたちの合唱とお母さんたちの合唱が公開されました。野口小学校では、数年前から「学習参加」の方式を導入し、幼稚園の教育活動に保護者が協力者として参加する実践を展開してきました。お母さんたちの合唱は、その成果の一つです。

午後、子どもたちが帰宅した後、先生たちのミーティングの様子が公開されました。それぞれのクラスの担任から1日のカリキュラムの概要が説明され、一人ひとりの子どもの活動の様子が報告されます。そして、個々の子どもの活動の意味や教師の関わりについて気になったことと気づいたことが率直に交流されました。このミーティングには、兵庫教育大学の幼児教育研究者、名須川知子先生が加わりました。名須川先生は、この1年間に数十回も野口幼稚園を訪問して、先生たちの研修を支援してきました。野口幼稚園の先生たちは、子どもの学びを省察する**観察研究**と、その学びの軌跡を総合する**カリキュラムづくり**を推進し、一人ずつみずからの研究課題を設定して研修活動を続けてきました。名須川先生による支援と協同が、その研修を支えてきたのです。

幼稚園の課題と幼児教育の未来

野口幼稚園のこの1日の公開研究会のなかにも、**転換期にある幼稚園**が直面しているさまざまな課題と幼児教育の未来の萌芽を見ることができます。

第1に、公開研究会の参加者の発言でも指摘されたことですが、現在、公立幼稚園は存亡の危機に立っています。加古川市の教育長は、公開研究会の席上で、公立幼稚園の役割が重要になっており、同市の方針として幼児教育の発展にいっそう力を注ぐことを

言明しました。しかし，大阪府の堺市をはじめ，公立幼稚園の全廃と保育所の民営化を決定している自治体も少なくないのが現状です。規制緩和と地方分権化のもとで，少子化によって公立の幼稚園と保育所は存亡の危機に立っています。もちろん，公立幼稚園の存立を守るからといって，私立幼稚園を廃園にしてよいわけがありません。公立幼稚園も私立幼稚園も存続できるような公共政策が求められています。

　幼児教育は，公共の事業であり行政の責任によって遂行すべきものなのか，それとも親の私的責任であり民間のサービスによって遂行すべきものなのかという問いが，**幼児教育の未来**を決定する問いとして横たわっています。子育てと子どもの教育は行政や大人の「責任」において遂行すべき課題なのでしょうか。それとも「サービス」によって遂行すべき課題なのでしょうか。

　野口幼稚園の選択は，行政と教師と親と市民の「責任」によって幼児教育を推進する立場であることは明瞭です。この3年間，野口幼稚園は「**地域の学びの共同体**」としての幼稚園づくりを推進してきました。地域の人びとが日々，野口幼稚園の教育活動に協力し，保護者も教師と連帯して教育活動を推進してきました。そして，教育長も教育委員会の指導主事も，野口幼稚園の活動を支援してきました。これら一連の活動は，子育てを地域の共同体のセクターで支え，公共の事業として市民の「責任」で遂行する取組みにほかなりません。

　第2に，野口幼稚園が1年保育のままでよいのかという意見が研究会の席上で出されました。加古川市の公立幼稚園の大半は就学前の1年に限定されています。2年間の幼児教育が推進されてはいるのですが，財政難のため遅々たる歩みです。そのため，働

く母親の多くは私立の幼稚園か公立と私立の保育所を選択しています。

加古川市教育委員会は，「**幼保一元化**」の方向，つまり幼稚園と保育所を統合する方向で問題の解決を図ろうとしているのですが，幼稚園と保育所は設立の経緯が異なるだけでなく，所管の行政が異なり，職員の資格も違えば勤務形態も違うので，統合は容易ではありません。この問いは理念の問題でもあります。幼児に必要なのは「教育」でしょうか，それとも「保育」でしょうか。幼児を育てる施設は「学校」であるべきなのでしょうか，それとも「福祉施設」であるべきなのでしょうか。

第3に，野口幼稚園の教育内容についても検討すべき課題があります。公開研究会の主題に示されるように，野口幼稚園は「感性」と「知性」の発達を「豊かに自己を表現する」活動によって推進しています。「知性」という言葉を主題に掲げたのには，藤井園長と同園の先生方の思い入れがあります。これまでの幼稚園教育は，一般に「遊び」を中心として組織して「情操」の教育を中心に展開し，「知性」の教育については消極的な傾向を示してきました。この特徴はフレーベル（1782-1852）以来の幼児教育の伝統に根ざすものですが，日本の幼児教育の特徴的な伝統という側面もあります。倉橋惣三（1882-1955）に典型的に示されるように，日本の幼児教育は，大正自由教育以来，自然と親しむ遊びに格別の意義を与えてきました。この伝統は，幼児教育に自由な活動を保障し豊かな感情の形成に寄与してきましたが，もう一方で，創造的な知性の発達を十分に展開しえない弱さを含んできたといえます。はなはだしい場合は，「保育」と「教育」を対立させ，「教育」を否定する傾向さえみられます。この傾向は，一部の私立幼

稚園が「早期教育」を売り物にすることへの抵抗によって助長されてきました。

しかし，早期教育の弊害は当然のこととしても，幼児教育が「感性」や「情操」の教育に限定されてよいわけがありません。「知性」と「芸術」の教育は，「感性」や「情操」と同様に重要です。しかし，その「知性」や「芸術」の教育をカリキュラムにどのように組織すればいいのでしょうか。野口幼稚園の公開研究会で議論が集中したのは，この問題でした。野口幼稚園では，これまでの「遊び」に変えて「プロジェクト活動」によって「知性」と「感性」の教育を追求し，教師の省察と支援によって「プロジェクト活動」のなかに「学び合う」関係を築いて，子ども一人ひとりの活動を「意味のある経験」に発展させる実践を追求しました。このようなカリキュラムづくりは，日々のミーティングにおける集約的な研究と観察記録の集積が必要です。その一歩をこの日の公開研究会は提示したと言ってよいでしょう。

第4に，野口幼稚園の公開研究会で話題になったのは，教師の研修のあり方でした。「学びの共同体」を掲げる野口幼稚園の一つの特徴は，幼稚園を教師が専門家として学び育ち合う場所として位置づけているところにあります。教育の専門家として育ち合う教師の連帯（同僚性：collegiality）の形成を同園では意識的に追求してきました。一人ひとりの教師が年間の研究主題を設定し，その達成のために日々の実践研究を展開し，兵庫教育大学の名須川教授を招いた研究者との協同研究を積み上げてきました。公開研究会において，子どもの活動を公開しただけでなく，教師のミーティングを公開したのは，この趣旨によるものです。

これらの4点が示すように，野口幼稚園の公開研究会の1日の

なかにも、今日の幼児教育が、歴史的な転換期の只中にあり、未来のあり方を探る岐路に立っている実態が示されています。これらの大問題をどのように解決していけばいいのでしょうか。

2 幼児教育の三つの系譜

● 問題の歴史的構図

三つの系譜をどう統合するか

幼児教育は三つの歴史的系譜をもっています。第1は、フレーベルに始まる幼稚園の系譜です。第2は、産業革命後に設立された福祉施設である保育所の系譜です。第3は、日本にはなじみが薄いのですが、就学前教育の幼児学校の系譜です。

野口幼稚園が1年保育を延長する課題に直面し、「幼保一元化」の方向が探られていると述べましたが、そこには、この三つの歴史的系譜をめぐる問題が横たわっています。野口幼稚園の教育活動は、フレーベル以来の幼稚園の系譜に位置づいています。しかし、幼稚園の先生方には意識されてはいませんが、1年保育という形態は**就学前教育**の性格を示しています。野口幼稚園が野口小学校に隣接して建てられているのは、就学前教育の要請によるものといってよいでしょう。もう一方で、野口幼稚園は、働く母親の要望に対応して1年保育を延長し、「**幼保一元化**」の方向性を探っています。保育所の福祉の機能を統合する必要に迫られています。さらに、もう一方で、野口幼稚園は「遊び」を中心とするカリキュラムから「学び」を中心とするカリキュラムへの移行をめざし、「感性」とともに「知性」の教育を追求しています。その意味で、野口幼稚園は、幼稚園の系譜と就学前教育の幼児学校の系

譜の統合を追求しているといえます。野口幼稚園のみならず，日本の幼児教育は，現在，この起源を異にする三つの系譜をどう統合するかという歴史的な問題に直面しているのです。

> フレーベル――「幼稚園＝子どもの庭」

第1の系譜は，フレーベルが1840年に提唱した「**幼稚園＝子どもの庭**」(Kindergarten)の構想を起源としています。フレーベルの構想した「幼稚園＝子どもの庭」は，「子どもの生命に生きる」場所であり，子どもの世話と養育に生きる「女性の精神と生命に生きる」場所でした。ここで「庭」は二つの隠喩として理解できます。一つは，「自然の調和体」としての「**神の庭**」です。「自然＝善」という思想をルソーから受け継いだフレーベルにとって，「子どもの庭」は「エデンの園」という原罪意識から解放されており，「神の庭」の理想郷として表象されています。プロテスタントであるフレーベルの「子どもの庭」は，ルターによって提唱された家父長制家族の理想郷であり，父親と母親と子どもが神の意志のもとで調和と統一を形成する「教育的家庭」を意味していました。「子どもの庭」の隠喩のもう一つの意味は「**自然の庭**」です。ここには「自然」のなかで育つのが子どもにとって最も幸せであるという，自然礼賛の教育の起源をみることができます。

しかし，「幼稚園＝子どもの庭」という隠喩は皮肉な側面ももっています。「庭」はなかば自然ですが自然そのものではありません。「庭」は人為的に創作された自然であり，自然と文化の中間地帯にあります。フレーベルの自然主義は，子どもの成長を植物の成長のように「自然の法則」（神の意志）によって説明していま

す。その意味の「自然」は，ルソーと同様，子どもの発見を促進し，発達の可能性を提示し「善」として認識されます。つまり，「悪」はつねに子どもの外部から侵入するものとみなされます。フレーベルの「幼稚園＝子どもの庭」において，「悪」は貧困や搾取や暴力や戦争という環境（大人社会）がもち込むものとして理解されています。

二つのレトリック

「幼稚園＝子どもの庭」はなかば自然であり，なかば自然ではない場所です。この「庭」は教育において二つのレトリックを形成します。一つは，「自然の調和」を保つために，教育のすべては子どもの「自然」に委ねられることになります。しかし，子どもの外部からの「悪」の侵入は決して許されません。「庭」である限り，「自然の調和」を乱す害虫は駆除されなければなりませんし，雑草は引き抜かなければなりません。「子どもの庭」は「自然＝善」を開花させる限りにおいて「自由」なのです。「フレーベルの幼稚園における子どもの自由は，フレーベルの求める自由でしかない」（モンテッソーリ）という批判は，確かに的を得ています。

「幼稚園＝子どもの庭」によるもう一つの教育のレトリックは「自然」と「文化」の関係にみられます。フレーベルに起源をもつ「幼稚園＝子どもの庭」の系譜において，子どもの発達は「自然」と「文化」の交渉によって遂行されますが，その説明において「自然」と「文化」は二分されます。子どもの発達において「自然」は普遍化され，「文化」は特殊化されます。つまり「発達」における「自然」は，すべての子どもに適用される普遍的な心理学の対象とされ，「文化」は特殊な状況における個別の解釈の対象とされ

ました。

> モンテッソーリの「子どもの家」

フレーベルに端的に表現される「幼稚園＝子どもの庭」の性格は，カソリックのモンテッソーリ（1870-1952）においてより顕著に示されています。フレーベルが「庭」で表象した幼稚園を，モンテッソーリは「家」として表象しています。モンテッソーリの「**子どもの家**」（Casa de Bambini）は，イタリアの最初の女性の医学博士であったモンテッソーリが科学的心理学にもとづいてローマの貧民街の一角に築いた救済の家を示していました。フレーベルの神秘主義を批判したモンテッソーリの教育の第1原理は「**自由**」でしたが，その「自由」は作業に専念した子どもに現れる静粛な状況における「内的発達の法則に従って自己発展する自由」であり，彼女の科学的研究に裏づけられた「発達の自然法則」に即した「自由」でした。

さらに，モンテッソーリにおける「子どもの家」は，彼女が希求した「神の国＝正常な国家」の単位を意味していました。「子どもの家」は「**子どもの自然**」の調和が現れる場所を意味していましたが，その「自然」（nature）という概念は「正常」（normal）であることを意味していました。モンテッソーリの幼児教育は，感覚訓練による自然主義の発達に関する科学的研究に具体化され，もう一方では，「自然＝正常」という宗教意識を基盤として「自然の秩序」を求める「救済」の宗教的実践へと具体化されています。こうして，モンテッソーリの幼児教育は，一方では科学的心理学によって発達の自然法則を探究する人々に継承され，もう一方では子どもの「自己活動」のなかに静粛な神の秩序を見出す人々に

継承されています。

第2の歴史的系譜――保育所

第2の幼児教育の歴史的系譜は**保育所**であり，産業革命後の労働者階級に対する**福祉施設**として登場しました。その最初の起源は，1800年にオーエン（1771-1858）がスコットランドのニューラナークにおいて実験した協同社会における幼児教育まで遡ることができます。しかし，労働者階級の子どもに対する福祉施設としての保育所が各国に普及するのは，19世紀末から20世紀初頭です。日本においても1900年ごろ神戸の工場地帯にキリスト教の宣教師によって最初の保育所が建設されています。その後，日本では1930年代に無産者託児所運動を基盤として保育所が普及しています。

保育所はnursery schoolという名称が示すように，子どもの児童労働からの保護と劣悪な環境から保護することを使命としていました。経済的な貧困と劣悪な文化と不衛生な環境から子どもを保護する福祉施設として保育所が普及したのです。フレーベルに起源をもつ幼稚園が，都市の富裕層と中間層の子弟を対象とする教育機関として普及したのに対して，保育所は貧しい労働者階級の福祉施設として普及しています。今日の幼稚園と保育所は，階級的・階層的な性格を緩和させていますが，保育所は，女性の社会進出を支援する福祉施設として機能しています。

第3の系譜――就学前教育

第3の幼児教育の系譜は**就学前教育**であり，1967年にイギリスの労働党政権によって提起された勅任視学官の報告書「プ

ラウデン・リポート」における幼児学校，あるいは，アメリカのジョンソン大統領のもとで推進された就学前教育のヘッド・スタート計画に，その典型をみることができます。この系譜における幼児教育は，小学校の準備教育にあたり，1年もしくは2年の知的教育を実施する「**幼児学校**」(preschool)として機能してきました。「幼児学校」の歴史的起源は，英米における新教育の伝統にあります。例えば，1910年代以降にアメリカの各地に創設された「子ども中心主義」の新学校の多くは，小学校に接続する就学前の幼児学校を付設していましたし，1970年代のオープン・エデュケーションの運動は，「幼児学校」の実践を伴って推進されてきました。

わが国の大正自由教育において創設された新学校においても，幼児部を付設した学校は少なくありませんでした。これらの「幼児学校」は，「幼稚園」や「保育所」とは異なり，文字どおり「学校」としての教育機能を果たしてきました。近年，創造性と共同性を標榜する幼児教育改革の先進的事例として世界の教育者の関心を集めているイタリアの**レッジョ・エミリア**の幼児教育も，この就学前教育としての「幼児学校」の系譜に位置づけることができます。

21世紀における幼児教育の改革

幼児教育は，上記の三つの起源と系譜によって推進されてきました。この三つの系譜は，目的を異にするだけでなく，カリキュラムにおいても内容を異にしてきました。第1の「幼稚園」の系譜は自然を基礎とする「遊びによる発達」をカリキュラムの内容としてきましたし，第2の「保育所」の系譜は「子育てと衛

生と福祉」を目的とし「生活と遊び」をカリキュラムの内容としてきましたし，第3の「幼児学校」の系譜は「創造的経験」と「知的経験」をカリキュラムの内容としてきました。21世紀における幼児教育の改革は，この三つの系譜を統合する努力として遂行されるに違いありません。

3 変化する社会構造
● 子ども問題の様相

「子どもの発見」

幼児教育は歴史的な転換期を迎えています。その背景の一つに「子ども期の消滅」ともいうべき歴史的な変化があります。「**子ども期**」という観念と人生の一時期は，アリエスが『〈子供〉の誕生』（1960年，邦訳1980年）において指摘したように，近代の産物です。「子ども期」に対する独自のまなざしが18世紀から19世紀にかけてヨーロッパに出現したことは，例えばイギリスにおいて1750年から1814年の間に2400種類もの**児童書**が出版されていることに示されています。児童書は，それまでは出現しなかった書物の様式です。さらにいえば，ヨーロッパ社会において18世紀まで子どもは墓に埋葬されることはなかったし，新生児には長男か長女の名前をつけるのが通例でした。子どもは共同体の中で一人前になるまでは人格や個性を認められることはなかったのです。

「子どもの発見」は，ルソーの『エミール』において成立したといわれています。しかし，ルソーの『エミール』は謎めいたテキストです。例えば，『エミール』に登場するエミールは，抽象的な「子ども」であって固有性と具体性を喪失しています。エミールは

両親の名前さえ記されていないし，エミールの言葉も感情も個性的な存在としては記されていません。「エミールはどんな子なのか」という問いをもって『エミール』を読むと，当惑してしまうでしょう。エミールが個性的な意識や感情を表明するのは，青年期以後の叙述においてです。少年期のエミールは，まるでキティのように出自が消された存在であり，内面が虚ろな存在です。すなわち『エミール』において発見された「子ども」は，一般化され抽象化された「子ども」であり，創作された「子ども」でした。あえていえば，ルソーによる「子ども」の発見は，個性的で具体的な子どもの喪失であったといえます。

「母性」の観念

もう一つ『エミール』において重要なことは，この本によって初めて「母性」による教育が主張されたことです。私たち誰もが共有している「子どもは母親によって育てられるべきである」という「**母性**」の観念は，ルソーの『エミール』のなかで青年期のエミールの結婚相手となるソフィーの教育において初めて登場する観念であり，「子ども期」と同様，近代の産物です。バダンテール(1944-)が『母性という神話』(1991年)において描き出したように，フランス革命の前の，警察庁長官の報告によれば，パリに生まれた2万1000人の新生児のうち，母親に育てられたのは1000人に過ぎず，他の1000人は住込みの乳母が育て，その他の1万9000人の新生児は母親の乳房を離れ，一人前になるまでパリから遠く離れた町や村の雇われ乳母のもとに里子に出されていたのです。つまり，『エミール』に登場した「母性愛」という「神話」も近代の産物なのです。

「子ども期」の消滅の危機

この近代に出現した「**子ども期**」が，今，消滅の危機に直面しています。『子どもはもういない』(1982年，邦訳1985年)において，ポストマン (1931-) は，16世紀における印刷術の普及が**リテラシー**（書字文化）を習得する必要を社会的に生み出し，子どもと大人の境界線を形成したと述べています。**印刷術とリテラシーの普及**によって，子どもは教育される存在になり，学校に通う存在となって大人から隔離されたのです。しかし，同書において，ポストマンは，映像メディアであるテレビと電脳空間であるコンピュータの普及が「子ども期」を消滅させていると指摘しています。子どもたちは，もはやリテラシーを習得しなくとも，映像メディアのテレビを視聴しコンピュータにアクセスすることによって，大人の社会に参加し生活を営むことができるようになってしまったからです。子どもと大人の境界線を形成していた「秘密」は，今や映像メディアとコンピュータによって子どもの前に露わにされています。ポストマンのいうように，メディア空間の拡張によって学校に行く必要も不透明になり，子どもは「子ども期」を生きることが困難になっています。

近代家族の崩壊

「子ども期」の消滅は，**近代家族の崩壊**によっても促進されています。現在，先進諸国は，子育てをめぐる共通の危機に直面しています。近代家族のシステムが崩壊し，親が子どもの世話をしなくなる現象が拡大しています。かつて文化人類学者のマーガレット・ミード (1901-78) が指摘した**テレビ**が子どもの「第二の親」になる状況は，世界中で一般化してしまいました。テレビに親の世話を代行させ，安

物のキャンデーでご機嫌をとり，学校に養育をまかせてしまう風習は，先進国ならばどこにでもみられる現象です。たしかに，「母性」の観念は，先にも示したように，近代社会が成立させた虚構の神話でした。近代家族のシステムが崩壊することによって，子どもを養育する責任の所在が曖昧になり，子どもが「子ども期」を生きられない社会が出現しつつあります。

この危機は，現代日本において急激に進行しています。日本の離婚率は，1990年にはカソリックの戒律が浸透したイタリアと並んで世界で最低のレベルでした。しかし，2000年には，結婚したカップルが75万組に対して離婚した夫婦は26万組に達し，ドイツ，フランスと肩を並べて世界のトップレベルになっています。子どもにとっても離婚したほうが幸せなケースが多いのは事実ですが，離婚に至る深刻な過程は子どもの心を深く傷つけています。また，多くの場合，母子家庭は不十分な児童扶養手当のため，経済的危機に直面しています。

離婚にまで至らなくとも，**近代家族の神話**が「密室の子育て」という困難な状況を生み出しています。児童虐待をはじめ，今日の暴力や犯罪の多くが家族の内部で発生している事実をみる必要があります。殺人事件のうち家族内殺人の比率は，世界平均は9％ですが，日本では28％に達しています。女性による殺人だけに限定すると，80％以上が親子関係か夫婦関係という家族内で発生しています。子どもや女性にとって，現在の家族は窒息した状況になっています。子どもに限らず，人が生きていくうえで「ホーム」は必要ですが，血縁で結ばれた家父長制の家族（ファミリー）を必要としているのかどうか，多くの人が新しい問いに直面しています。

曖昧になった人生の境界線

さらに**グローバライゼーションの浸透**による産業社会からポスト産業社会（知識社会）への急激な変貌は，「子ども期」「青年期」という人生の境界線を曖昧にしています。その端的な現象が，工場労働の労働市場の海外への流出による若年労働市場の解体です。1992年には160万人以上であった高卒求人数は，2001年には15万人まで激減してしまいました。わずか10年間で若年労働市場の9割が消滅してしまったのです。グローバライゼーションによって，いわばこれまで国外にあった第三世界が国内の棄民化される子どもと若者の世代に出現しているといってもよいでしょう。この現象は，子どもや若者の社会参加の機会を減少させ，少子化に拍車をかけ，「子ども期」の消滅を加速することでしょう。

こうして，ルソーによって発見され創作された「子ども期」は，今，崩壊し消滅する危機に直面しています。10年ほど前に人気を博した「ちびまるこ」は，子どもながらに「大人」を生きなければならない子どものペーソスを描き出していました。「ちびまるこ」は先進国日本における「子ども期」の消滅の悲哀を笑いへと誘うコミックでしたが，地球の半分を占める途上国においては，いっそう深刻に「子ども期」の消滅は進行し，悲哀やペーソスにとどまらない悲劇を生み出しています。私たちは，子どもたちが学校に通って教育を受けることを当然とみなす社会に生きていますが，世界全体をみれば，学校に通っている子どもの数に匹敵する数の子どもたちが，貧困と戦争のために学校に通っていない現実が広がっています。

4 幼児教育の未来

保護・養育の三つの装置の衰退

「子ども期」の消滅という新しい時代において、いったい誰が子どもの保護と養育の責任を担うのでしょうか。この大きな問いが私たちの前に待ち受けています。

近代の社会は、三つの装置によって子どもを保護し養育してきました。一つは地域共同体であり、二つ目は家族であり、三つ目は学校でした。そのそれぞれが子どもに対する保護と養育の機能を衰退させてきました。最初に解体したのは、地域共同体でした。その変化は、戦後の子どもの遊び場が原っぱから公園へ移動し、さらに公園から子どもが消滅した経緯のなかにみることができます。子どもの遊び仲間の崩壊の過程は、地域共同体が子育ての公共空間を衰退させた歴史といってよいでしょう。公園と路地裏から子どもの姿が消えたのが1970年代の終わりでした。その次に衰退したのは家族の教育機能です。そして、現在、学校の教育機能の衰退が問題にされています。**幼児教育の未来**は、子どもの保護と養育の責任を担うネットワークづくりとして構想されています。

子どもの再発見

今、求められている**幼児教育改革**をいくつかの課題にそって提示しておきましょう。第1に、子どもを再発見する必要があります。近代の「子ども期」の発見は、ルソーの『エミール』に象徴されるように、子

どもの「自然」の発見であり，「自然」において理念化され普遍化された「子どもの発見」でした。その理念と実態が解体しつつある現在，固有名を備えた具体的な子どもを再発見する必要があります。なお，この課題を遂行するうえで，子どもの発達を自然科学で基礎づけてきた「発達主義」を克服することも検討されなければならないでしょう。固有名を備えた歴史的社会的な存在である具体的な子どもの認識を導く発達研究への脱皮が求められています。

> 「子ども期」を充実した幸せで満たす

第2の課題は，「子ども期」を大人への準備段階とする見方を克服することです。3歳の子どもは3歳の人生を充実した幸せで満たすことなしに，将来の人生を幸せに生きる保障はないと思います。子ども一人ひとりは大人と同様，人生の今を自由に創造し充実させて生きる権利をもっています。その権利を実現することが，教育においても第1の目的となるべきです。

> 二項対立の図式の組替え

第3に，子どもと大人を対立させてきた一連の二項対立の図式を組み替えることが必要です。「子ども＝未熟な存在」「大人＝成熟した存在」，「子ども＝依存的な存在」「大人＝自立した存在」，「子ども＝野蛮な存在」「大人＝文明化された存在」，「子ども＝学ぶ存在」「大人＝教える存在」などなど，子どもをめぐる一連の表象は，大人との対立概念によって構成されてきました。しかし，これらの二項対立の図式は「子ども期」の消滅によって実態にそぐわないものへと変化しています。

例えば,家族関係の崩壊の危機にあえいでいる家庭において,子どもが大人である親以上に成熟した存在として思慮深く生きている事例は数多くみられますし,大人である親が子ども以上に未熟で幼稚に生きている事例も数多くみられます。子ども以上に未熟な教師もいますし,教師以上に成熟した子どももいます。

> 子ども一人ひとりの尊厳

第4に,子どもを自立した存在として認め,大人と同様,創造性を発揮して生きている存在として見直す課題です。近代の社会は,子どもを「救済」の対象としてみなしてきました。「救済の対象」としての児童観は,子どもを一方的な教化の対象とする啓蒙主義の教育を導きましたし,もう一方で「宗教的救済」(salvation)としての児童観は,童心主義の児童観と子どもの神格化をもたらし,子どもと大人を「癒し」の関係に閉じ込める作用も果たしました。子どもは,大人と同様,創造性を発揮し学び生きる能力を備えた存在として再認識することが必要ですし,何よりも,子ども一人ひとりの尊厳をうちたてる必要があります。

> レッジョ・エミリアの幼児教育

以上の四つの課題を達成するうえで,イタリアのレッジョ・エミリアにおける幼児教育の革新的実践は,幼児教育の未来の展望をひらく貴重な示唆を提供しています。レッジョ・エミリアの幼児教育を推進してきたマラグッツィは,子育てと教育を地域共同体の公共的事業として推進してきました。子どもを育てるのは親の責任であるだけでなく,地域社会の共同の責任なのです。レッジョ・エミリアでは,現在,21の幼児学校(3歳から6歳)と

13の乳児保育所（0歳から2歳）で市の幼児教育の事業が展開されていますが、その運営に市民や親が協同で携わっています。

そして、レッジョ・エミリアの幼児教育において、子どもは「救済の対象」ではなく、大人とともに創造的な活動を通して個性を表現し共同性を築く自立した存在としてみなされています。レッジョ・エミリアの教師たちは「力強い子ども」という概念を繰り返し使用して、子どもを大人と連帯して創造的な人生と社会を築く主体として認識しています。さらに、レッジョ・エミリアの幼児教育においては、教師も子どもと同様、学び成長する存在として活動しています。教師たちは、子どもたちの活動をカリキュラムとしてデザインするだけでなく、日々の活動を「ドキュメンテーション」として記録し、その「ドキュメンテーション」から学び合うことによって専門家として育ち合う連帯を形成しています。創造性と共同性を追求する幼児教育が、子どもの発達を中心として親と教師と市民が連帯する「学びの共同体」を地域に築く実践として推進されているのです。

| 「学びの共同体」づくりへ |

日本においても、幼児教育の未来が各地の幼稚園で模索されています。本章の冒頭で紹介した加古川市の野口幼稚園も、その一つです。野口幼稚園では、今年からレッジョ・エミリアの幼児教育に学んで、子どもたちが小グループで長期にわたる学び合いを展開する「プロジェクト」の活動でカリキュラムを構成する実践に挑戦しています。「秋の山」を主題とするプロジェクト活動は、その一つの取組みでした。この「プロジェクト」は、保護者が参加しただけでなく、地域の人びとが協力し小学校の教師も

連帯して遂行されました。そして，その活動の記録は，日々，教師の間で検討され，大学の幼児教育の専門的な研究者も交えてカリキュラムづくりへと展開しました。野口幼稚園で探求されている幼児教育も「**学びの共同体づくり**」とよばれています。

幼児教育の未来を「学びの共同体」づくりに求める実践は，野口幼稚園に限らず，全国各地の国公私立の幼稚園で展開されています。こうして，未来を準備する幼児教育は，子どもたちの尊厳と発達する権利を保障し，親と市民と教師の連帯で「密室の子育て」から親と子どもと教師を解放し，地域共同体の再生によって子どもの現在と未来を支える新しいネットワークづくりへと向かっています。

参考図書

① アリエス，F. 1980年 『〈子供〉の誕生』杉山光信・杉山恵美子訳，みすず書房。

　子どもが近代の産物であることを解明した名著。絵画に登場する子どもの歴史的な考察は興味深い。「子ども問題」を議論する必読書である。

② エドワーズ，C.ほか編 2001年 『子どもたちの100の言葉——レッジョ・エミリアの幼児教育』佐藤学・森眞理・塚田美紀訳，世織書房。

　現在，幼児教育の改革として世界の注目を集めているレッジョ・エミリアの実践とその原理を理解するための必読書である。

③ ポストマン，N. 1995年 『子どもはもういない』小柴一訳，新樹社。

テレビと情報化社会のテクノロジーが，子ども期を消滅させたという著者の批評は，現代社会の子どもを理解する重要な示唆にあふれている。

④ 佐藤学・秋田喜代美監修　2001 年　『レッジョ・エミリア市の挑戦——子どもの輝く創造力を育てる』VHS ビデオ，小学館。

　レッジョ・エミリア市の幼児教育の全貌を紹介するビデオ記録である。幼児教育の環境構成，教師と子どもの関わり，プロジェクト活動とドキュメンテーションの具体的な実践を知ることができる。

引用文献・図版出所一覧

＊各章ごとに，アルファベット順に配列。

【第1章　子どもの権利と幼児教育】

ボルノウ，O. F. [1973]，『フレーベルの教育学』岡本英明訳，理想社。

エドワーズ，C., L. ガンディーニ，G. フォアマン編 [2001]『子どもたちの100の言葉——レッジョ・エミリアの幼児教育』佐藤学・森眞理・塚田美紀訳，世織書房。

Erning, G [1987], *Bilder aus dem Kindergarten*, Lambertus.

フレーベル，F. [1964]，『人間の教育』上・下，荒井武訳，岩波書店。

Paley, V. G. [1992], *You Can't Say You Can't Play*, Harvard University Press（ペィリー，V. G., 近刊予定『遊んじゃだめといっちゃだめ』鳥光美緒子訳，世織書房）.

ルソー，J.-J. [1962-64]，『エミール』上・中・下，今野一雄訳，岩波書店。

坂元彦太郎・及川ふみ・津守真編 [1965-67]『倉橋惣三選集』全4巻，フレーベル館。

【第2章　幼児教育の課題】

網野武博 [2001]「外国人の保育の課題と展望——わが国における行政の対応状況と保育所での受け入れ」『月刊福祉』4月号，pp. 81-91.

Dewey, J. [1900] *The School and Society*, University of Chicago Press.

Dickinson, D. K. [2002] "Shifting Images of Developmentally Appropriate Practice as Seen through Different Lenses",

Educational Researcher, 31 (1).

ハヴィガースト，R. J. [1995]『人間の発達課題と教育』荘司雅子訳，玉川大学出版部。

厚生労働省大臣官房統計情報部［2000］『平成12年人口動態統計の年間推計』。

厚生労働省大臣官房統計情報部［2000］『平成12年簡易生命表』。

Lakeshore [1999] *Lakeshore Learning Materials*（アメリカの遊具のカタログ）.

森眞理［1998］「保育における多文化教育の理論と実践――保育者の『声』から考えること」『日本保育学会第51回大会論文集』。

小田豊［2001］『新しい時代を拓く幼児教育学入門――幼児期にふさわしい教育の実現を求めて』東洋館出版社。

岡部恒治ほか編［1999］『分数ができない大学生』東洋経済新報社。

OMEP日本委員会［2000］『OMEPニュース』No. 1。

佐々木正美［1996］「エリクソンのライフサイクル展望」『エリクソンとの散歩――生き方の道標』子育て協会。

佐藤学［2001］『学力を問い直す――学びのカリキュラムへ』岩波書店。

田嶋一・中野新之祐・福田須美子［2001］『やさしい教育原理』有斐閣。

全米乳幼児教育協会（S. ブレデキャンプ，C. コップル編）［2000］『乳幼児の発達にふさわしい教育実践――21世紀の乳幼児教育プログラムへの挑戦 誕生から小学校低学年にかけて』白川蓉子・小田豊，DAP研究会訳，東洋館出版社。

【第3章　幼児の学び・発達と環境】

麻生武・綿巻徹編［1998］『遊びという謎』ミネルヴァ書房。

ブロンフェンブレンナー，U.［1996］『人間発達の生態学――発達

心理学への挑戦』磯貝芳郎・福富護訳，川島書店。

Ceppi, G. and M. Zini [1988] *Children, Spaces, Relations Metaproject for an Environment for Young Children*, Reggio Children and Comune di Reggio Emilia.

エドワーズ，C. ほか編 [2001]『子どもたちの 100 の言葉——レッジョ・エミリアの幼児教育』佐藤学・森眞理・塚田美紀訳，世織書房。

刑部育子 [1998]「『ちょっと気になる子ども』の集団への参加過程に関する関係論的分析」『発達心理学研究』第 9 巻 1 号，発達心理学会。

ホイジンガ，J. [1974]『ホモ・ルーデンス』里見元一郎訳，河出書房新社。

本田和子 [1997]『子どもと若者の文化』放送大学教育振興会。

コール，M., S. スクリブナー [1982]『文化と思考——認知心理学的考察』若井邦夫訳，サイエンス社。

永野重史 [2000]『発達と学習——どう違うのか』放送大学教育振興会。

レイヴ，J., E. ウェンガー [1993]『状況に埋め込まれた学習——正統的周辺参加』佐伯胖訳，産業図書。

佐藤学 [1995]「学びの対話的実践へ」佐伯胖・藤田英典・佐藤学編『学びへの誘い』東京大学出版会。

佐藤学 [1998]「教師の実践的思考の中の心理学」佐伯胖・宮崎清孝・佐藤学・石黒広昭『心理学と教育実践の間で』東京大学出版会。

佐藤学 [1996]「現代学習論批判——構成主義とその後」堀尾輝久ほか編『講座学校 5 学校の学び・人間の学び』柏書房。

佐藤学 [1999]『教育の方法』放送大学教育振興会。

Paley, V. G. [1981] *Wally's Stories : Conversations in the Kindergarten*, Harvard University Press.

津守真［1987］『子どもの世界をどうみるか──行為とその意味』日本放送出版協会。

全米乳幼児教育協会（S. ブレデキャンプ，C. コップル編）［2000］『乳幼児の発達にふさわしい教育実践──21世紀の乳幼児教育プログラムへの挑戦 誕生から小学校低学年にかけて』白川蓉子・小田豊監修，DAP研究会訳，東洋館出版社。

【第4章　幼児教育の方法】

幼児保育研究会編［2002］『最新保育資料集2002』ミネルヴァ書房。

【第5章　教育実践を支える理解】

ボルノー，O. F.［1991］『解釈学研究』西村皓・森田孝監訳，玉川大学出版部。

Geertz, C. [1973] *The Interpretation of Cultures*, Basic Books.

鯨岡峻［1997］『原初的コミュニケーションの諸相』ミネルヴァ書房。

ライター，K.［1987］『エスノメソドロジーとは何か』高山真知子訳，新曜社。

シュミッツ，H.［1986］『身体と感情の現象学』小川侃編，産業図書。

津守真［1987］『子どもの世界をどうみるか──行為とその意味』日本放送出版協会。

【第6章　幼児教育の共同体】

青柳宏［1999］「幼児期から児童期への教育──『ルール』と『共同体』への誘い」小田豊ほか編『新しい教育課程と保育の展開 幼稚園』東洋館出版社。

青柳宏・前原由紀［2000］「協同性を育む保育実践の構造と展開

――保育者による語り（物語）を通して」『宇都宮大学教育学部教育実践総合センター紀要』23号。

ボルノウ，O. F. [1989]『教育を支えるもの』森昭・岡田渥美訳，黎明書房。

デューイ，J. [1997]『デューイ＝ミード著作集 4 経験と自然』河村望訳，人間の科学社。

エドワーズ，C. ほか編 [2001]『子どもたちの100の言葉――レッジョ・エミリアの幼児教育』佐藤学・森眞理・塚田美紀訳，世織書房。

Garrison, J. [1998] "Toward a Pragmatic Social Constructivism", in M. Larochelle et. al., *Contructivism and Education*, Cambridge University Press.

Mead, G. H. [1909] "Social Psychology as Counterpart to Physiological Psychology", in A. J. Reck ed. [1964] *Selected Writings : George Herbert Mead,* University of Chicago Press.

ミード，G. H. [2001]『デューイ＝ミード著作集 13 社会心理学講義・社会的自我』河村望訳，人間の科学社。

尾木直樹 [1999]「『学級崩壊』をどう見るか」『世界』7月号，岩波書店。

＊なお，デューイ，ミードの著作からの引用箇所の訳出に関しては，『デューイ＝ミード著作集』（人間の科学社）の訳文を参照したが，変更を加えている。

【第7章　保育者の専門的成長】

秋田喜代美 [2000a]「保育者のライフステージと危機」『発達』83号，ミネルヴァ書房。

秋田喜代美 [2000b]『知を育てる保育』ひかりのくに。

秋田喜代美編 [2000c]『教師のさまざまな役割』チャイルド本社。

秋田喜代美［2001a］「保育者とアイデンティティ」森上史朗・岸井慶子編『保育者論の探求』ミネルヴァ書房。

秋田喜代美［2001b］「専門家の知の認識論的展開」ドナルド・ショーン（佐藤学・秋田喜代美訳）『専門家の知恵』ゆみる出版。

秋田喜代美・有馬幼稚園［2002］『子どもが出会う 教師がつなげる——幼小連携3年間の成果』小学館。

秋田喜代美・安見克夫［1997］「園児をとらえる保育者の見方——RCRT による検討」『立教大学心理学科研究年報』39号。

ブロンフェンブレンナー，U.［1996］『人間発達の生態学——発達心理学への挑戦』磯貝芳郎・福富護訳，川島書店。

Curtis, D., M. Carter and D. Curtis [2000] *The Art of Awareness : How Observation Can Transform Your Teaching*, Redleaf Press.

Elbaz, F. [1981] "The Teachers' Practical Knowledge", *Curriculum Inquiry*, 11 (1).

Fu, V. R., A. J. Stremmel and L. T. Hill [2002] *Teaching and Learning : Collaborative Exploration of the Reggio Emilia Approach*, Merrill-Palmer : Prentice-Hall.

倉橋惣三［1976］『育ての心』上，フレーベル館。

小川博久［2000］『保育援助論』スペース新社保育研究室編，生活ジャーナル。

Project Zero and Reggio Children [2001] *Making Learning Visible : Children as Individual and Group Learners*, Reggio Children.

斎藤正典［2000］「教師と幼児の関係性の中での教師の援助の変容」『保育学研究』38巻1号。

鈴木佐貴子ほか［1999］「保育者と親の食い違いに関する研究」『保育学研究』37巻2号．

高濱裕子［2001］『保育者としての成長プロセス』風間書房。

徳田克己［2000］「保育者の感じる『対応に困る保護者』」『実践人間学』4号。

吉田章宏［1996］『子どもと出会う』岩波書店。

【第8章　保育内容の構造と展開】

Blackwood, P. E. and H. Heffernan [1988] *Childhood Education*, v65.

倉橋惣三［1954］『幼稚園真諦』フレーベル館。

文部省編［1968］『幼稚園教育指導書——一般編』フレーベル館。

森上史朗［1984］『児童中心主義の保育』教育出版。

日本保育学会［1968］『日本幼児保育史』第1巻，フレーベル館。

小田豊［1999］『幼稚園教育の基本』小学館。

坂元彦太郎［1976］『倉橋惣三・その人と思想』フレーベル館。

梅根悟［1950］『幼稚園のカリキュラム』（教育大講座 9）金子書房。

Weikart, D. P. [1972] *Relationship of Curriculm, Teaching and Learning in Preschool*, J. C. Stanley.

湯川嘉津美［2001］『日本幼稚園成立史の研究』風間書房。

【終　章　子どもが幸福に育つ社会を求めて】

アリエス，F.［1980］『〈子供〉の誕生』杉山光信・杉山恵美子訳，みすず書房。

バダンテール，E.［1991］『母性という神話』鈴木晶訳，筑摩書房。

エドワーズ，C. ほか編［2001］『子どもたちの100の言葉——レッジョ・エミリアの幼児教育』佐藤学・森眞理・塚田美紀訳，世織書房。

ポストマン，N.［1995］『子どもはもういない』小柴一訳，新樹社。

ルソー, J.-J. [1962-64]『エミール』上・中・下, 今野一雄訳, 岩波書店。

佐藤学 [2001]「子どもの喪失と消滅＝問題の構図」藤田英典・黒崎勲・片桐芳雄・佐藤学編『子ども問題＝教育学年報8』世織書房。

佐藤学・秋田喜代美監修 [2001]『レッジョ・エミリア市の挑戦――子どもの輝く創造力を育てる』VHSビデオ, 小学館。

事項索引

●あ 行

遊び　8, 9, 79-83, 102-04, 194, 206
　　——の生活化　205
　　——を通しての学び　84
　　手段的な——　206
　　目的的な——　206
アトリエ　64-66
アトリエスタ　64, 86
生きる力　46, 47, 218
意見表明権　17
居心地のよい場所　111
1年保育　224, 227
一斉保育　104, 105, 201
意図　123, 124
　　——的(な)教育　203, 213, 217
意味　153, 160-62
意味づけ　132-34
内なる環境　211
NAEYC→全米幼児教育協会
『エミール』　3-6, 19, 233, 234, 238
園庭　99
エンパワーメント　47, 48, 50
オープン保育　206
恩物　9, 81, 96, 97, 99, 193
恩物保育　10-12

●か 行

解釈　133, 134
学習参加　223
学習指導要領　196, 201, 204
隔離　4
学力低下　39, 40
可視化　184
仮想現実　30
価値観の違い　45, 46
価値的行為　185
学級崩壊　105, 163, 164, 192
学校教育法　97, 195, 203, 215
　　——施行規則　99
葛藤　145, 149-51, 163
活動主義　197, 201
家父長制　236
カリキュラムづくり　223, 242
環境設定　99, 102
環境の構成　212
玩具　80, 123
観察研究　223
感性　222, 225-27
間接教育　6, 14
気づきの技法　182
基本的信頼感(関係)　35-37, 111
客我　154, 156, 157
教育課程　192, 196, 211-14
教育課程審議会　199
教育権　18
教育的雰囲気　147
教科学習的保育　206
教科主義　195, 197, 200, 202, 204
共感　157, 165, 189
共苦　157
教師の連帯　226
共同活動　152-57, 163
共同体　142, 158-61
　　——づくり　156, 160, 161
　　——の理論　154, 155
　　幼稚園教育の——　166
共同(の)感情　146-48, 151, 162

−64, 166
記録 66, 139
近代家族 235, 236
緊張した関係 127
空間の構成 64, 65
ケア 85
啓蒙主義 240
現実性 84
憲法（13条） 47
権力関係 20, 22
公開研究会 222-26
合計特殊出生率 28
貢献 48-51
構成主義 70, 76, 82
行動主義 69, 70, 75
　──学習理論 41, 69
公民権運動 52
公立幼稚園 223, 224
国際人権規約 16, 17
孤人化 28
個人の尊厳 47
個性 155
言葉 152
子ども期 4, 79, 233-39
子ども中心保育 206
『子どもの遊び』 79
子どもの家 230
子どもの権利条約 2, 3, 16, 17, 54
子どもの主体性 103-09, 203
子どもの育ち 125, 126
『〈子ども〉の誕生』 79, 233
子どもの発見 3, 233, 234, 239
コミュニケーション 85, 152, 153

● さ 行

さながらなる生活 13, 194
参加観察 142
刺激─反応モデル 75
自己決定権 17
自己内対話 152
CCWA 56
自主性 36, 37
システム 67, 68
　エクソ── 67, 187
　マイクロ── 67, 186
　マクロ── 68, 185
　メゾ── 67, 187
自然 5, 13
自然人 6
しつけ 105-08, 110, 163
実践過程 206
実践研究 138-40
実践知 171-73, 180, 181
実践的理解 138, 139
指導過程 213
指導計画 192
児童期 35, 36
児童福祉法 195
自分づくりの過程 84
自分の居場所 111
市民的自由権 17, 18
社会的公正 20
社会的構成主義 70, 151, 154
社会的実践 82, 84
就学前教育 227, 231
自由感 14-16, 205, 208
自由保育 104, 105, 109
充実指導 14, 15
集団活動 155
主我 154, 156, 157
主観的な理解 119-21
手技 14, 193
ジュネーブ宣言 2, 16
生涯発達 33, 34, 74
状況論的アプローチ 72
消極教育の原則 5
省察 94, 112, 136, 140
　技術的── 183
　実践的── 183

批判的――　183
少子化　28, 29, 224, 237
情報化　30
自律性　36, 37
私立幼稚園　224, 225
人　権　19
心　情　125, 130
身　体　131
　　――の時間　62-64
身体知　173
進歩主義（教育）　12, 194
心理・社会的危機　36, 37
ステレオタイプ　53
スナップショット　30
生活形態　14, 16
生活主義　193-97, 202, 204
生活の自明さ（性）　14, 16
精　神　152, 154-56, 163
生態学的な環境　68
正統的周辺参加　73
制度の時間　62-64
世界人権宣言　16
先入観　121, 122, 130
全米幼児教育協会　41, 71
早期受験教育　218
相互作用　147, 148, 151, 155, 164
相互作用モデル　75
相互理解　129
創造性　134

　●た　行

体　験　84, 85, 123-25, 129-31, 139, 140
　　共通の――　129
対象化　181
大正自由教育　225, 232
多文化　51, 52
多文化教育・保育　52, 53
多文化理解　48, 51, 54, 57

段階決定論　37
段階的発達観　38
地域共同体　238, 240, 242
知　性　222, 225-27
知的教育　39-42
中央教育審議会　196
DAP　40-42, 71
定型的（な）教育　214-16
敵対的な理解　128
テワリキ（Te Whariki）　48-50
動　機　123, 124
東京高等女子師範学校　193, 194
童心主義　240
道徳性　42-46
　　自律的――　45
　　他律的――　44
同僚性　226
ドキュメンテーション　66, 241
読　書　6
都市化　31, 32

　●な　行

二項対立　53, 239
ニヒリズム　81
ニューカマー　53
認識の教育　7, 8
認知的実践　82, 84
野口幼稚園　222-28, 241, 242

　●は　行

排　除　20-22
発　達　73-75, 116, 125, 126
　　――の最近接領域　69, 70
　　――の自然法則　230
発達課題　33-35, 57
発達過程　213, 214
発達主義　239
発達心理学　73-75

発達段階　73-75, 214
パートナーシップ　164-66
被包感　147
表現者　85
表現の教育　7, 8
ファンタジー　83, 85
風船説　38
複眼的思考　54
不定型的な教育　214
フレーベリアン・オルソドキシー　193
フレーベル式幼稚園　193
フレーベル主義　11, 13, 193, 194
プロジェクト（の活動）　22, 23, 64, 65, 85, 86, 161, 184, 222, 226, 241
文　化　68
文化人類学　72, 139
ヘッド・スタート計画　232
ベテラン保育者　179, 180
偏　見　121, 122, 159
保育計画　205, 209, 213
保育経験年数　176, 177
保育者の発達段階モデル　186
保育所保育指針　57
保育（内容）の構造化　204-08, 214
保育内容論　192
保育の基本5項目　193
保育要領　195, 196
放任保育　105, 206
保護・養育の三つの装置　238
母　性　234, 236
母性愛　234
『ホモ・ルーデンス』　81

● ま　行

学　び　82
　──の基盤　218, 219
　──の共同体　43, 224, 226, 241, 242
マニュアル　92
民間情報局　195
無産者託児所運動　231
物語る者　85

● や　行

友好的な理解　128
誘導保育　14, 15, 96
ゆとり教育　39
幼児学校　227, 232, 233,
幼児教育改革運動　80
幼児教育の改革　238
幼児教育の未来　223, 224, 238
幼児の環境　64
幼少連携　189, 222
幼稚園教育要領　40, 42, 44, 46, 57, 97-99, 102, 196-99, 201-04
幼稚園＝子どもの庭　10, 228-30
幼稚園設置基準　99, 100
幼稚園保育及設備規定　193
幼稚園保育法真諦　13
幼保一元化　225, 227

● ら行・わ行

ライフサイクル　33, 35, 37
　──展望　36
螺旋型の教育論　201
リテラシー　41, 235
　──教育　42
領　域　100, 105, 197-200, 202
　──と教科　199
　5領域　98, 101, 202
　6領域　197, 202
倫理的実践　82, 84
レッジョ・エミリア　20, 21, 24, 42, 64-66, 86, 161, 232, 240, 241

人名索引

●ア 行

アリエス（Aries, Philippe） 79, 233
ヴィゴツキー（Vygotskii, Lev Semenovich） 38, 70
ウェンガー（Wenger, Win） 73
エリクソン（Erikson, Erik Homburger） 35-37, 74
オーエン（Owen, Robert） 231
小川博久 181
尾木直樹 164
小田豊 38

●カ 行

キルパトリック（Kilpatrick, William Heard） 194
鯨岡峻 117
倉橋惣三 2, 11, 13 - 16, 96, 105, 194-97, 204, 225
コルボーン（Colborn, Theo） 32

●サ 行

坂元彦太郎 215
佐々木正美 35, 36
佐藤学 40, 82
シュミッツ（Schmitz, Hermann） 131
スミス（Smith, Adam） 24
ソーンダイク（Thorndike, Robert Ladd） 69

●タ 行

ダーウィン（Darwin, Charles） 69
高濱裕子 179
津守真 74, 136, 140
デューイ（Dewey, John） 43, 151, 153, 154, 156

●ナ 行

名須川知子 223, 226
ニーチェ（Nietzsche, Friedrich Wilhelm） 82

●ハ 行

ハヴィガースト（Havighurst, Robert James） 34, 35
バダンテール（Badinter, Elisabeth） 234
ピアジェ（Piaget, Jean） 38
ブリューゲル（Bruegel, Pieter） 79
フレーベル（Frobel, Friedrich） 2, 7-13, 15, 18, 81, 96, 97, 194, 225, 227-31
ブロンフェンブレナー（Bronfenbrenner, Urie） 67, 186
ペイリー（Paley, Vivian Gussin） 20-24
ヘファナン（Heffernan） 195, 196
ホイジンガ（Huizinga, Johan） 81, 82
ポストマン（Postman, Neil） 235

ホール (Hall, Granville Stanley) 69, 81
ボルノウ (Bollnow, Otto Friedrich) 128, 147

●マ 行

マラグッツィ (Malaguzzi, Loris) 22-24, 240
三浦朱門 215
ミード (Mead, George Herbert) 151-54, 156, 157
ミード (Mead, Margaret) 235
モンテッソーリ (Montessori, Maria) 230

●ラ行・ワ行

ルソー (Rousseau, Jean-Jacques) 2-7, 23, 228, 229, 233, 234, 237, 238
ルター (Luther, Martin) 228
レイヴ (Lave, Jean) 73
ワトソン (Watson, John Broadus) 69

●編者紹介

小田　豊（おだ　ゆたか）

聖徳大学児童学部教授，文部科学省視学委員

〔主要著書〕

『子どもの心をつかむ保育者』（ひかりのくに，2001）

『乳幼児の発達にふさわしい教育実践』（共監訳，東洋館出版社，2000）

『新しい時代を拓く幼児教育入門——幼児期にふさわしい教育の実現を求めて』（東洋館出版社，2001）

榎沢良彦（えのさわ　よしひこ）

東京家政大学家政学部教授

〔主要著書〕

『わかる・役に立つ　現代の保育原理』（共著，保育出版社，2001）

『新しい幼児教育を学ぶ人のために』（共著，世界思想社，2001）

新しい時代の幼児教育
Early Childhood Education in the New Era　有斐閣アルマ

2002年10月10日　初版第1刷発行
2015年2月15日　初版第7刷発行

編　者	小　田　　　豊
	榎　沢　良　彦
発行者	江　草　貞　治
発行所	株式会社 有　斐　閣

郵便番号 101-0051
東京都千代田区神田神保町 2-17
電話　(03)3264-1315〔編集〕
　　　(03)3265-6811〔営業〕
http://www.yuhikaku.co.jp/

印刷・株式会社精興社／製本・牧製本印刷株式会社
© 2002, Y. Oda, Y. Enosawa. Printed in Japan
落丁・乱丁本はお取替えいたします。

★定価はカバーに表示してあります
ISBN4-641-12161-3

Ⓡ 本書の全部または一部を無断で複写複製（コピー）することは，著作権法上での例外を除き，禁じられています。本書からの複写を希望される場合は，日本複製権センター（03-3401-2382）にご連絡ください。